KB119577

슬기로운
Teaching Life
with C🦠VID-19

성미영 · 이정윤 · 조진우 · 김우재 · 박용한 · 김재요 · 정우성 · 손경우 · 배성호 · 정세윤 공저

학지사

머리말

    이 책의 제목은 『슬기로운 Teaching Life』이다. tvN의 '슬기로운' 시리즈를 통해 유명해진 '슬기로운'이라는 단어는 이제 우리 삶의 곳곳에서 친숙하게 만나게 된 단어라 특별히 그 의미를 설명할 필요는 없을 것 같다. 'Teaching Life'라는 제목에서 엿볼 수 있듯이 이 책의 저자 10명은 모두 국내 4년제 대학에서 학생들을 가르치고 있는 현직 교수들이다. COVID-19로 인해 2020학년도 1학기 대학 수업은 혼돈에 빠지게 되었고, 대학에서 학생을 가르치는 교수자는 대면으로 진행되던 기존의 수업 방식을 유지할 수 없어 비대면이라는 새로운 대안을 모색할 수밖에 없었다. 이러한 혼돈의 상황에서 전국 9개 대학에서 각자 다른 전공과목을 가르치고 있는 10명의 저자가 2020학년도 1학기에 어떠한 방식으로 수업을 진행했는지 서로의 경험을 함께 고민하게 되었고, 동시에 우리의 수업 사례를 다른 교수자들과 공유함으로써 with COVID-19 시대를 '슬기롭게' 헤쳐 나가고자 이 책을 집필하게 되었다. 저자들 모두 각자 바쁜 삶을 살고 있어 대면으로 만나서 집필에 대해 논의하기는 어려워 with COVID-19 시대의 대세에 맞게 비대면 방식으로 논의를 진행하고 원고를 마무리하였다. 여름방학이라는 짧은 기간 동안 각자의 경험담을 진솔하게 작성해 주신 공동 저자들과, 대학교재가 아님에도 불구하고 책의 출판을 허락하고 지원해 주신 학지사 김진환 사장님, 대표 저자의 끊임없는 수정 요청을 모두 수용해 주신 박나리 편집자님께 깊은 감사 인사를 드린다.

Special Thanks to K. W. Kim

2020년 10월

대표 저자 성미영 · 정세윤

프롤로그_박용한

COVID-19의 확산과 그 영향으로 인해 나타난 사회 각 분야에서의 변화는 2020년을 세계사적으로 대전환 혹은 대변혁의 해로 기록하고 있다. 개개인의 생활에 있어서는 마스크와 손세정제가 필수품이 되었고, 개인과 개인 간에 있어서는 사회적 관계맺기와 네트워킹을 강조하던 최근까지의 분위기가 사라지고 이젠 사회적 거리두기가 미덕이 되었다. 세계화·국제화의 흐름 속에서 급속하게 늘어나던 국가 간의 인적·물적 교류도 COVID-19의 확산 이후에는 항공사와 여행사들의 도산을 걱정할 수준으로 위축되었다. 이와 같은 다양한 분야에서의 변화와 더불어 가장 두드러지면서도 많은 사람에게 영향을 끼치고 있는 변화는 초·중·고 그리고 대학 교육에서의 변화이다.

대학 교육에서의 코로나 충격

2020년 2월, 국내 대학들의 1학기 개강을 앞두고 COVID-19가 전국적으로 확산될 우려가 커짐에 따라 각 대학은 개강을 1~2주 연기했으나 사태가 좀처럼 진정되지 않아 추가적인 대책이 요구되었다. 이러한 요구에 대해 교육부가 제시한 「2020학년도 1학기 대학 학사운영 권고안」(교육부, 2020. 3. 2.)에서는 '코로나 19 사태가 안정될 때까지 등교에 의한 집합수업은 하지 않고 원격수업, 과제물 활용 수업 등 재택수업을 실시한다'고 하여 일반대학 교육에서는 한 번도 경험해 보지 못한 100% 비대면 온라인 수업이 이루어지게 되었다. 그리고 2학기에는 대학들이 가능한 범위에서 대면 수업과 비대면 수업을 적절히 혼합하여 운영하고자 하였으나, 개강 직전 COVID-19가 재확산되어 대부분의 대학이 원칙적으로 비대면 온라인 수업을 실시하는 것으로 방향을 바꿈으로써 아직 대학 교육 현장에서는 COVID-19로 인한 영향과 혼란이 현재 진행형이다.

사실 COVID-19가 대학 사회에 충격을 가져오기 이전에도 이미 우리나라 대학들은 학령인구의 급격한 감소와 4차 산업혁명이란 화두로 인하여 대학 교육 전반에서의 혁신을 요구받고 있었으며, 이로 인하여 전통적인 대학 체계와 교육 방법들은 상당한 위기 상황에 있었다고 해도 과언이 아니다. 특히, 사회 전반에서의 급속한 변화는 고등교육이 전문적인 전공 지식을 넘어 창의·융합 역량이나 문제해결 역량 등 미래지향적이고 응용가능성이 높은 역량들을 길러 주어야 한다는 필요성이 제기되었는데, 전통적인 강의 중심의 수업 방법으로는 이러한 역량들을 교육하기에 한계가 있음을 인식하기 시작하였다.

이에 따라 그동안 주로 연구나 산학협력 부문에 주력을 기울여 왔던 대학들이 근래에는 수업 방법의 개선과 수업의 질 관리 등 교육 부문에 대한 관심을 확대하고 그에 맞는 제도와 조직을 정비하고 있다. 또한 교육부에서도 각종 대학 평가나 정부재정지원사업을 최근에는 교육의 질에 초점을 맞추어 추진하고 있다.

현재 COVID-19의 확산은 고등교육에서 이와 같은 수업 방법 및 질에 대한 혁신의 요구를 더욱 촉진하고 있다고 볼 수 있다. 더구나 COVID-19 문제가 해결된다고 하더라도 또 다른 감염병이나 위기 요인의 발생 가능성에 적극적으로 대비하고 미래 사회를 이끌어 갈 수 있도록 고등교육의 생태계를 재구조화한다는 측면에서 대학들은 수업, 학생지도, 대학운영에서 새로운 방식을 모색하고 도입해 나가야만 하는 상황을 맞이하였다.

혼돈에 빠진 대학 수업

비대면 온라인 수업으로 대표되는 코로나 시대의 대학 수업은 혼돈과 새로움, 실망과 희망을 동시에 가져왔다. 대학생들은 초·중·고를 거치면서 학교나 사교육을 통해 인강(인터넷 강의)이라 불리는 여러 형태의 비대면 온라인 수업에 익숙한 반면, 대학에서 수업을 하는 교수나 강사들은 그렇지 않은 경우가 많다. 따라서 교수와 강사들에게 있어 갑자기 모든 수업을 온라인으로 해야만 하는 상황은 큰 혼돈을 가져왔다. 대면 수업과는 많은 차원에서 다른 온라인 수업 콘텐츠를 직접 촬영하고 편집하여 시스템에 올리는 과정뿐만 아니라, 사이버캠퍼스나 화상 수업 시스템 등 온라인상에서 학생들과 효과적으로 상호작용하는 방법을 짧은 시간 내에 익혀 적용하는 것은 결코 쉬운 과정이 아니기 때문이다. COVID-19로 인해 실시된 대학의 초보적인 온라인 수업은 강의내용은 별도로 하더라도 동영상 제작 기술이나 온라인 상호작용 시스템 등 가장 기본적인 부분에서 상대적으로 질 높은 온라인 사교육을 경험하였던 많은 학생에게 불만과 실망의 원인이 되었고, 이는 학생들이 등록금 환불을 요구하는 핵심 쟁점이기도 하다.

한편으로 보면 모든 수업을 온라인으로 진행할 수밖에 없게 된 COVID-19 이후 대학의 상황은 그동안 대학 내부에 존재하고 있던 변화에 대한 저항을 무장해제시켰을 뿐만 아니라 대학의 교육과 수업에 대한 대규모 실험을 가능케 하였다는 점에서 대학 사회에 새로움을 가져왔다고도 할 수 있다. 물론 이 실험은 여전히 진행 중이라고 봐야겠지만, 적어도 대학 수업을 담당하는 모든 교수자가 이처럼 본격적으로 '수업'에 대해 고민하고 가지 않았던 길을 시도해 보았던 적은 이번이 처음이라 할 수 있겠다. 또한 시간이 갈수록 비대면 온라인 수업을 위한 교수자의 수업 기술이 점점 향상되고 있고, 대학본부나 정부 차원에서도 이에 대한 지원을 확대해 나가고 있다는 점은 희망적이라고 볼 수 있다.

교수들로 하여금 수업에 대해 더 관심을 기울이게 하고 수업에 대한 고민과 다양한 수업 방법을 적용하게 하는 것은 근래 각 대학에서 교수법 워크숍이나 수업 방법 특강 등을 통해 강조해 왔던 것이다. 그러나 대학 내에서 이러한 시도는 종종 적지 않은 저항에 부딪혔고 큰 성과를 올렸다고 보기엔 어려운 게 사실이다. 학교 입장에서는 대학 평가에 활용하기 위해 형식적으로 운영하거나 교수자 입장에서는 업적평가에 반영되는 실적을 위해 단발성 시도에 그치는 경우가 많았기에 대학의 전반적인 수업 문화를 바꾸었다고 하기에는 한계가 있다. 그렇다면 대학에서 새로운 수업 방법의 도입 등 수업의 혁신과 관련하여 이처럼 저항이 큰 이유는 무엇일까?

무엇보다도 대학의 교수자들은 자신이 가르치는 '전공 내용에 대한 전문성(content knowledge)'을 '수업에 대한 전문성(pedagogical knowledge)'과 동일한 것으로 생각하는 경우가 많다. 그러나 내용 전문성과 수업 전문성이 반드시 일치하지는 않는다는 것이 여러 연구에서 증명하는 사실이다. 다시 말해, 자신의 전문 분야에서 연구력이 뛰어나다고 해서 이것이 바로 수업의 질로 이어지지는 않는다. 심지어 내용 전문성이 높은 사람일수록 자신이 가르쳐야 할 초보자의 입장에서 생각하기 어렵기 때문에 수업의 효과가 떨어진다는 것을 보여 주는 연구도 있다. 이를 '전문성의 저주(curse of expertise)'라 한다(Hinds, 1999). 또한 초·중·고 교사들의 경우 교사가 되기 위한 준비 과정에서 상당한 시간을 수업과 교육에 대해 탐구할 수 있는 공식·비공식적 기회를 갖는 반면, 대학의 교수자들은 이러한 기회를 갖지 못한 경우가 대부분이다. 대학의 교수자가 되기 위한 필수 과정인 대학원 교육은 주로 전공 지식과 연구에 초점을 맞추기 때문에 대학원을 졸업할 때까지 이들이 '가르치는 것'에 대해 깊이 고민할 수 있는 기회는 전무하다고 할 수 있다. 또한 박사학위를 받은 후 대학 강단에 서기 위해서도 '교육' 역량보다는 '연구' 역량이 더 높은 영향을 주기 때문에 이들은 수업에 대해 생각할 여유를 갖지 못한다. 그렇기에 대학의 교수자들은 대개 자신이 대학과 대학원에서 받았던 수업 형태(대부분 강의식 혹은 세미나식 수업 방법)를 자신의 수업에 그대로 적용하게 된다.

이것이 우리나라 대학 수업의 전형적인 모습이었다. 그러나 COVID-19로 인한 일련의 사태는 습관적으로 해 왔던 강의실 수업을 대체할 수 있는 방법을 교수자 스스로 찾을 수밖에 없도록 만들었다. 처음에는 그냥 이전에 하던 교실에서의 강의식 수업을 그대로 온라인상에서 하면 될 줄 알았으나 그것으로는 충분하지 않았다. 그렇게 온라인 수업을 할 경우에는 수업의 효과나 학생들의 수업만족도가 대면 수업에 비하여 하락하는 것이 일반적이다. 온라인 수업 상황에서 학생들은 상대적으로 집중도가 떨어지기 쉽고, 오프라인 수업에서 사용되는 직접적인 대화와 접촉을 통한 동기 부여가 적용되기 어렵기 때문이다. 따라서 비대면 온라인 수업이라는 것은 단순히 자신이 해 오던 강의를 동영상이나 실시간 영상 매체를 통해 전달하는 것만을 의미하는 것이 아니라, 온라인 상황에 맞게 변형시킬 때 본질적인 의미와 효과를 가질 수 있다. 즉, 비대면 온라인이라는 매체의 차이에 더하여 그에 맞는 혁신적 교수법이 합쳐질 때 비로소 좋은 수업이 될 수 있는 것이다. 온라인 매체의 특성을 고려하여 수업 내용을 가장 효과적으로 가르칠 수 있는 수업 방법을 고민하고 고안할 때 교수자는 '자신의 전공 분야를 잘 가르칠 수 있는 전문성(pedagogical content knowledge)'을 갖게 된다.

교수-학습에 대한 구성주의 패러다임 확산

'어떻게 가르쳐야 하는가'라는 수업 방법의 문제는 필수적으로 '배운다는 것은 무엇인가', '인간은 어떻게 배우는가'와 같은 학습의 문제가 선행한다. 교육 현장에서 인간의 학습을 바라보는 패러다임은 크게 행동주의, 인지주의, 구성주의 등 세 가지 패러다임으로 구분할 수 있다(Schunk, 2019). 물론 학습에 대한 진정한 설명은 세 가지 패러다임이 합쳐질 때 가능하겠지만, 역사적으로 보았을 때 교육에서 강조하였던 학습에 대한 패러다임은 행동주의에서 인지주의로, 그리고 다시 인지주의에서 구성주의로 변화해 왔다.

'행동주의(behaviorism)' 패러다임에서 학습은 행동의 습득을 의미하였으며, 이는 보상이나 처벌에 의해서 이루어진다고 보았다. 이 관점에서 볼 때 수업은 좋은 행동을 더 많이 하도록 하는 보상과 좋지 않은 행동을 하지 않도록 하는 처벌의 방법을 얼마나 효과적으로 사용하느냐와 관련된다. 대학 교육에서도 여전히 사용되는 상점·벌점제라든지 수업에서의 칭찬과 꾸중, 시험이나 평가 점수에 대한 강조 등이 행동주의 패러다임에 해당하는 수업 방법이라고 할 수 있겠다.

'인지주의(cognitivism)' 패러다임에서 학습은 지식의 표상, 즉 기억이다. 이 관점에서 수업은 어떻게 하면 중요한 지식을 잘 기억하고 필요할 때 인출할 수 있게 하느냐와 관련된다. 중요한 지식을 잘 기억하게 하기 위해서는 수업 내용을 잘 정리하여 조직화해서 전달하고, 반복하며, 여러 가지 기억전략을 적용하여 학생의 기억 및 인출을 돕는 것이 강조된다. 또한 학생들을 주의 집중시키기 위하여 흥미유발 전략을 사용하고, 수업 내용과 관련된 학생들의 사전지식을 상기시켜 기억을 정교화하는 것 등이 인지주의 패러다임에 해당하는 수업 방법이다.

이 두 가지 패러다임, 행동주의와 인지주의는 지식을 '절대적'이고 '객관적으로 실재'하는 것으로 바라본다. 이러한 입장에서 교수자의 역할은 절대적이고 객관적인 지식을 있는 그대로 학습자가 습득할 수 있도록 하는 것이다. 이와 대비하여 '구성주의(constructivism)' 패러다임에서는 지식을 '상대적'이고 '주관적으로 구성'되는 것으로 바라본다. 따라서 교수자가 똑같은 것을 가르치더라도 학습자는 각자 자기 나름대로의 지식을 구성한다. 즉, 구성주의 패러다임에서의 학습은 지식의 구성이며, 이 관점에서 수업은 어떻게 하면 지식의 구성이 잘 일어날 수 있게 하느냐와 관련된다. 지식의 구성은 학습자의 능동성을 전제로 하기 때문에 지식의 구성이 잘 일어나게 하기 위해서는 교수자-학습자 간 또는 학습자-학습자 간 상호작용을 활발하게 하고, 학습과제를 학습자의 실생활과 연결시키며, 공동의 문제해결을 위해 협력할 수 있는 기회를 제공해야 한다. 또한 학습의 결과뿐만 아니라 과정이 지식의 구성을 위해 중요하기에 수행평가라든지 포트폴리오 평가가 활용된다. 최근 대학 교육에서 강조되고 있는 토론수업, 협동학습, 문제중심학습, 프로젝트기반학습 등이 바로 구성주의 패러다임에 해당하는 수업 방법이라고 할 수 있다.

이상에서 살펴보았듯이 교수-학습(teaching & learning)을 바라보는 패러다임은 지식의 다양성, 학습자의 능동성, 개별보다는 협동, 결과보다는 과정, 학습과제의 실제성(authenticity) 등을 강조하는 쪽으로 변화해 왔다. 이러한 특징을 갖는 구성주의 패러다임은 특히 비판적 사고능력이나 문제해결력과 같은 고차적인 사고를 기르는 데 효과적이라고 알려져 있다. 교수-학습에 대한 패러다임과 특징을 이해할 때 우리는 대학에서의 수업이 어떤 방식으로 이루어져야 하는지 그리고 왜 그러한지에 대한 더 깊은 통찰을 얻을 수 있을 것이다.

대학에서 혁신적 수업 방법의 도입

특정한 교수-학습 패러다임이나 수업 방법이 효과적이라고 해서 혹은 유행한다고 해서 모든 수업이 천편일률적으로 그것을 따라갈 필요는 없다. 또한 어떤 과목을 한 학기 내내 한 가지 수업 방법으로만 구성하는 것도 결코 바람직하지 못하다. '모든 수업에 적용 가능한 최적의 방법(one size fits all)'은 없다. 수업의 목표, 가르치는 내용, 학습자의 특성 등에 따라 수업 방법은 변화될 수 있고 그래야 한다. 수업은 '기술(art)'이다. 여기서 기술이란 의미는 에리히 프롬의 '사랑의 기술(art of loving)'에서 기술이 의미하는 바와 유사하다. 즉, 근거 기반의 과학과 창의적인 예술이 복합적으로 작용하는 것으로서의 기술이다. 이렇게 볼 때 대학 수업에서의 혁신을 위해 중요한 것은 변화를 추구하는 태도이다. 효과가 검증된 수업 방법에 대해 탐색하고 그것을 과목과 상황에 맞게 변형하여 적용해 나가는 꾸준한 변화의 과정, 이러한 변화 또는 변화를 위한 노력 그 자체가 어떤 수업 방법을 적용하느냐의 문제보다 중요하다고 볼 수 있다. 그럼에도 불구하고 여기서는 최근 대학 교육 현장에서 많이 언급되거나 도입되어 활용되고 있는 혁신적 수업 방법 몇 가지에 대해 간단히 소개하고자 한다.

플립러닝

'플립러닝(Flipped Learning)'은 수업에 앞서 학생이 수업의 핵심 내용을 먼저 공부하고 난 뒤, 강의실에 와서는 앞서 학습한 내용을 중심으로 토론, 프로젝트, 팀활동 등 학습자 중심의 학습활동을 수행하는 수업 방식을 의미한다(Bergmann & Sams, 2012). 이는 학생들이 강의실에서 수업을 듣고 난 다음에 가정에서 그 수업과 관련된 과제를 수행하는 전통적인 수업 방식을 거꾸로 뒤집었다는 의미에서 '거꾸로 학습법'으로도 알려져 있다. 플립러닝은 온라인과 오프라인을 연계시키는 블렌디드 러닝의 발전된 형태로 언급되는데, 수업 전 강의실 밖에서 이루어지는 사전 학습이 주로 동영상과 같은 온라인 콘텐츠를 활용하여 이루어지는 반면, 강의실 내에서 이루어지는 본 수업은 학습자의 참여와 상호작용에 기반을 둔 면 대 면 수업으로 이루어지기 때문이다. 플립러닝으로 수업을 진행할 경우 학생들은 강의실에서 수동적으로 교수자가 설명하는 내용을 듣고 필기하는 수업 방식에서 벗어나, 미리 학습하고 온 내용에 대한 질의응답, 학생 간 토론이나 팀활동 같은 학습자 중심의 활동에 참여하게 된다. 따라서 플립러닝은 수동적으로 수업에 임하던 학생들을 능동적으로 변화시킴으로써 학습자들이 적극적인 자세로 수업에 임하게 하고 활발한 인지적 활동을 촉진시킬 수 있다는 점에서 유용성을 갖는다.

하브루타

하브루타(Havruta)는 원래 '짝'이나 '학습 파트너'를 의미하는 히브리어로서 둘씩 짝지어 격렬하게 논쟁하고 토론하는 과정을 통해 학습하는 토론수업의 한 형태를 일컫는다. 이는 유대인들의 회당에서 이루어지던 학습 방식으로서 두 사람이 모이면 성경의 내용과 관련하여 각자 호기심을 가진 주제에 대해 질문하고 경청하는 활동으로부터 유래된 교수-학습 방법이다. 하브루타는 일반적인 토론수업과 차이점을 갖는데 일반적인 토론수업에서는 학생들이 주제에 대한 자신의 의견을 찬반으로 구분하고 격렬한 언쟁을 통해 최종적인 문제해결안을 도출하는 반면, 하브루타에서는 학생들이 자신의 의견을 관철시키려 하기보다 질문과 대화 등을 통해 상대방의 의견을 경청하며 서로 협력하고 사고력을 개발하기 위한 활동에 집중한다(장봉석, 2018). 하브루타는 일방적으로 지식을 전달받는 강의식 수업에 익숙한 학습자에게 동료 학습자와의 적극적인 협력 및 상호작용을 통해 자신의 생각을 드러내고 질의·응답하는 학습의 능동적 주체가 되도록 요구함으로써 자기주도적 학습을 촉진한다.

문제중심학습과 프로젝트기반학습

문제중심학습(혹은 문제기반학습이라고도 함, Problem-Based Learning)과 프로젝트기반학습(혹은 프로젝트학습이라고도 함, Project-Based Learning)은 둘 다 영문 약자로는 PBL이고 두 가지 모두 최근 교육현장에서 많이 언급되고 있기에 혼동하는 경우가 많다. 물론 이 두 가지는 서로 유사한 측면이 있지만 동일한 수업모형은 아니다. 문제중심학습은 실제적인 문제를 학습자 스스로 해결하는 과정을 통해 학습이 이루어지게 하는 학습자 중심의 교수-학습 방법이다. 이는 원래 의과대학에서의 의학교육 방법으로 개발되었는데 '환자의 증상 진단'과 같이 복잡한 실제적인 문제를 중심으로 학습을 시작한다는 특징을 지닌다(최정임, 2007). 즉, 문제중심학습은 학습자들에게 실제적인 문제를 제시하여 학습자들이 그 문제를 해결하기 위해 공동으로 방안을 논의한 후, 개별학습과 협동학습을 통해 공통의 해결안을 마련하는 과정에서 학습이 이루어질 수 있게 한다.

프로젝트기반학습은 팀을 기반으로 한다는 점, 교수자는 학습을 조력하는 역할을 할 뿐 학습자의 학습 과정에 지나치게 개입하지 않는다는 점 등에서 문제중심학습과 공통점을 지니며, 경우에 따라서는 문제중심학습을 포괄하는 개념으로 사용된다(강문숙, 홍광표, 2014; 장경원, 2019). 그러나 엄밀한 의미에서 프로젝트기반학습은 학생들의 프로그램이나 모델 설계, 페이퍼, 보고서 등과 같은 최종 산출물을 중요시하는 경향이 있다. 즉, 프로젝트기반학습은 다른 구성주의 학습법보다 학생들의 프로젝트 결과물과 그것이 생성되는 과정 전체를 중요하게 여긴다는 특징을 갖는다.

이 책에 대하여

이 책은 COVID-19의 충격이 대학을 강타한 첫 학기 혼란의 상황에서 다양한 학문 분야의 상이한 교과목을 담당하는 대학교수들이 각자의 수업을 어떤 방식으로 운영했는지에 대한 구체적인 사례를 제공한다. 또한 원래는 대면 출석수업을 중심으로 하지만 COVID-19로 인하여 비대면 수업을 확대해야 했던 일반대학의 사례뿐만 아니라, 대학의 특성상 원래부터 비대면 원격수업을 중심으로 교육이 이루어지는 원격대학의 사례를 함께 제시하고 있다. 이러한 사례의 공유를 통해 어떤 사람은 사례의 내용에 공감할 것이고, 다른 사람은 자신의 수업을 위한 팁(tip)을 얻을 수 있을 것이며, 또 다른 사람은 비판적 분석에 기반하여 여기 제시된 사례보다 더 나은 수업 방법을 제안할 수 있을 것이다. 이 책에 제시된 수업 사례가 독자들에게 어떤 반응을 가져오든 간에 중요한 것은 앞서 언급하였듯이 수업 방법에서의 다양성을 인정하고 열린 마음으로 새로운 시도를 두려워하거나 미리 거부하지 않는 것이다. 이렇게 할 때 대학 교육이 직면하고 있는 여러 가지 도전을 '슬기롭게' 헤쳐 나갈 수 있을 것이다.

참고문헌

강문숙, 홍광표(2014). SNS 활용 프로젝트 학습 사례 질적 연구: 학습자의 학습 경험을 중심으로. **평생학습사회, 10**(4), 85-112.

교육부(2020. 3. 2.). 교육부 보도자료-코로나19 대응을 위한 교육 분야 학사운영 및 지원방안 발표. 세종: 교육부.

장경원(2019). 학술자료 활용 프로젝트학습 설계 모형 개발. **교육문화연구, 25**(1), 103-128.

장봉석(2018). 국내 하브루타 학습의 효과에 대한 메타분석. **교육과정연구, 36**(2), 1-24.

최정임(2007). 대학수업에서의 문제중심학습 적용 사례연구: 성찰일기를 통한 효과성 분석을 중심으로. **교육공학연구, 23**(2), 35-65.

Bergmann, J., & Sams, A. (2012). *Flip your classroom: Reach every student in every class every day*. Washington, DC: International Society for Technology in Education.

Hinds, P. J. (1999). The curse of expertise: The effects of expertise and debiasing methods on predictions of novice performance. *Journal of Experimental & Applied Psychology, 5*(2), 205-221.

Schunk, D. H. (2019). *Learning theories: An educational perspective* (8th ed.). New York: Pearson.

Shulman, L. S. (1986). Those who understand: Knowledge growth in teaching. *Educational Researcher, 15*(2), 4-31.

차례

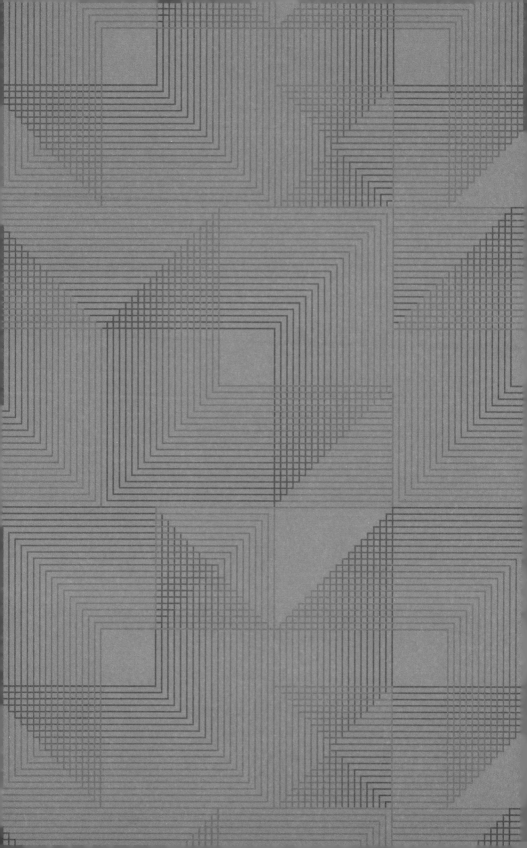

Part 1.

일반대학의
티칭 라이프:
사회계열

Chapte

1

아동학

성미영

● 2020학년도 1학기 담당과목 현황

과정	과목명	강의 유형	강의 방식	
			2019-1학기	2020-1학기
학부	언어지도	이론+실험실습	대면	대면+비대면
학부	유아교과교재 연구및지도법	이론+실험실습	대면	대면+비대면
학부	보육실습	이론+실험실습	대면	대면+비대면
대학원	유아언어교육	이론		비대면

● 2020학년도 1학기 담당과목별 강의 방식

문제중심학습

강의 방식 / 과목	대면 수업	비대면 수업			
		실시간 화상	사전 녹화	온라인 특강	온라인 현장학습
언어지도	●	●	●		●
유아교과교재 연구및지도법	●		●		●
보육실습	● *		●		
유아언어교육			●	●	

* 2019학년도 2학기 겨울방학 실습

● 2020학년도 1학기 담당과목별 교과목 개요

동덕여자대학교 아동학과에서는 국가 자격인 보육교사 2급 및 유치원정교사 2급 자격증 취득을 위한 교과목을 개설하고 있으며, 2020학년도 1학기에는 학부 과정에서 [언어지도](2학년), [유아교과교재연구및지도법](3학년), [보육실습](4학년) 등을 개설하였다. 문제중심학습(PBL) 방식으로 진행된 [언어지도] 과목에서 학습자는 언어에 대한 이해, 영유아기 언어발달 및 언어지도 내용, 언어 교수학습방법 및 평가, 언어지도의 실제에 대해 학습한다. [유아교과교재연구및지도법] 과목에서 학습자는 다양한 교과교재 유형을 이해하고, 이를 실제 영유아교육현장에서 활용하는 방안에 대해 학습한다. [보육실습] 과목에서 학습자는 보육교사 자격 취득을 위한 마지막 관문인 6주 동안의 보육현장실습을 통해 어린이집의 일과 운영을 이해하고, 예비보육교사로서 영유아보육현장의 실제를 경험한다. 이 외에도 어린이집 및 유치원 교사와 원장 대상의 재교육 과정인 교육대학원 유아교육전공 석사과정에 개설된 [유아언어교육] 과목에서 학습자는 영유아 언어 관련 이론의 현장 적용방안에 대해 학습한다.

● 대면 수업: 대면 수업 + 대면 수업 동영상 업로드

　　이론+실험실습 과목인 [언어지도] 과목과 [유아교과교재연구및지도법] 과목은 실습을 위해 대면 수업을 진행하였다. 중간고사 이후 대면 수업을 진행하기 위해 대면 수업 참여에 대한 사전수요조사를 진행한 결과, [언어지도] 과목은 7명(수강인원 53명), [유아교과교재연구및지도법] 과목은 13명(수강인원 20명)이 대면 수업 참여를 신청하였다. 대부분의 학습자가 COVID-19로 인해 학교에 등교하는 것을 부담스러워하였다. 따라서 대면 수업 미참여 학습자가 대면 수업 동영상을 시청할 수 있도록 대면 수업 과정을 스마트폰 동영상으로 촬영하여 LMS에 탑재하였다.

온라인강의

▣ ▸ 유아교과교재연구및지도법 ▸ 온라인강의

| 진도율보기 | | 일괄 차시추가 | 미연결 차시삭제 | 온라인강의 출석대체자관리 |

All　1　2　3　4　5　6　7　8　9　10　11　12　13　14　15

1주　　　　　　　　　　　　　　　　　　　　　　　차시추가

1차시 교과교재 온라인강의 1주차 1차시 출석 : 2020.03.17 (화)
학습기간 : 2020.03.16 오전 12:00 ~ 2020.04.12 오후 11:59, 학습시간 : 53분 32초　　▸ ✎ 🗑

☐ 🖥 교과교재1-1　　　□ 교과교재1-1　　　🕐 15분 48초　◐ ⋮

☐ 🖥 교과교재1-2　　　□ 교과교재1-2　　　🕐 37분 44초　◐ ⋮

콘텐츠 추가

제목	[대면수업+온라인수업] 10주차 1차시 대면수업(5월 19일) 동영상 업로드
작성자	성미영
공개일	2020.05.20 오전 12:32
조회수	52
상단알림	Y

10주차 1차시 대면수업(5월 19일) 동영상을 업로드 했습니다.
온라인수업 수강 학생들은 동영상을 보면서 각자 본인의 인형을 직접 제작하면 됩니다.

인형 제작시

첫째, 사용할 재료를 모아서 촬영합니다.
둘째, 인형 제작 과정을 중간중간 촬영합니다.
셋째, 최종 제작된 인형을 촬영합니다.

이렇게 촬영한 사진은 개별과제 발표시 ppt에 포함하여 발표하면 됩니다.

읽은사람보기　　　　　　　　　　　　　　수정　삭제　목록

● 비대면 수업: 실시간 화상 수업(PBL)

이론+실험실습 과목인 [언어지도] 과목은 보육교사 자격 과목 중 대면교과목에 해당하여 대면 수업 8시간 이상(실시간 화상 수업만 인정)과 출석시험 1회를 실시해야 한다. 이에 따라 75분 강의 6개 차시를 ZOOM을 사용하여 실시간 화상 수업으로 진행하였다. [언어지도] 과목은 2020학년도 1학기에 PBL(Problem-Based Learning) 수업으로 개발하여 운영하고 있어 실시간 화상 수업의 경우 53명 학습자를 10개 조로 구분하여 PBL 모듈활동으로 진행하였다.

실시간 화상 수업을 위해 사용한 ZOOM의 다양한 기능 중 PBL 수업을 진행하기 위해 대표적인 두 가지 기능을 활용하였다. 먼저, 조별로 조장을 호스트로 하여 회의실을 구성하였고, 해당 회의실 링크를 교수자에게 전달하여 교수자가 '조별 회의실'을 방문하여 해당 조의 학습자들과 논의를 진행하였다. 또한 2개 조당 1명의 튜터를 배정하여 교수자가 해당 조의 학습자들과 논의를 진행할 때 함께 참여하였고, 교수자가 다른 조 회의실로 이동한 후에도 해당 조의 모듈활동을 지원하였다. 교수자와 튜터가 함께 조별 회의실에 참여해야 하므로 '소회의실' 기능 대신 조별 회의실을 별도로 개설하였다. 다음으로 교수자의 회의실에 모든 학습자가 입장한 후 조별과제 발표방식에 대해 안내한 다음 해당 차시에 조별과제를 발표하는 조의 조장에게 '호스트 만들기' 기능을 사용하여 호스트를 넘겨줌으로써 발표 조가 화면공유를 통해 발표자료를 손쉽게 활용하도록 하였다.

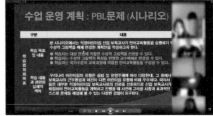

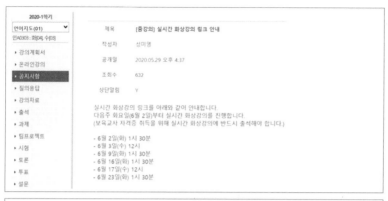

2020-1학기

언어지도(01) ▼
인A0303 : 화[04] 수[03]

- ▸ 강의계획서
- ▸ 온라인강의
- ▸ 공지사항
- ▸ 질의응답
- ▸ 강의자료
- ▸ 출석
- ▸ 과제
- ▸ 팀프로젝트
- ▸ 시험
- ▸ 토론
- ▸ 투표
- ▸ 설문

제목 [줌강의] 실시간 화상강의 링크 안내

작성자 성미영

공개일 2020.05.29 오후 4:37

조회수 632

상단알림 Y

실시간 화상강의 링크를 아래와 같이 안내합니다.
다음주 화요일(6월 2일)부터 실시간 화상강의를 진행합니다.
(보육교사 자격증 취득을 위해 실시간 화상강의에 반드시 출석해야 합니다.)

- 6월 2일(화) 1시 30분
- 6월 3일(수) 12시
- 6월 9일(화) 1시 30분
- 6월 16일(화) 1시 30분
- 6월 17일(수) 12시
- 6월 23일(화) 1시 30분

2020-1학기

유아교과교재연구및 ▼
인A0303 : 화[02] 인A0203 : 목
[04]

- ▸ 강의계획서
- ▸ 온라인강의
- ▸ 공지사항
- ▸ 질의응답
- ▸ 강의자료
- ▸ 출석
- ▸ 과제
- ▸ 팀프로젝트
- ▸ 시험
- ▸ 토론
- ▸ 투표

제목 [대면수업] 10~15주차 강의일정 안내(대면수업+온라인수업 병행)(수정)

작성자 성미영

공개일 2020.04.24 오전 12:34

조회수 296

상단알림 Y

유아교과교재연구및지도법 과목의 10-15주차 출석방식에 대한 학사지원팀의 수요조사 결과.

총 20명의 수강생 중 11명이 조사에 참여하였고,
그 중 대면수업 희망 학생은 7명, 온라인수업 희망 학생은 4명 이었습니다.

이러한 결과를 반영하여 유아교과교재연구및지도법 과목 10-15주차 수업은

- 대면수업 희망 학생을 대상으로 대면수업을 실시하고,
- 대면수업 동영상을 스마트 클래스에 업로드하여 온라인수업 희망 학생이 수강할 수 있도록 할 예정입니다.

유아교과교재연구및지도법 과목 수강생 본인의 선택에 따라 대면수업과 온라인수업 중 한가지 방식을 선택할 수 있습니다.

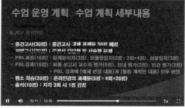

● 비대면 수업: 사전녹화 수업(강의실 촬영+PPT 녹화)

이론+실험실습 과목인 [언어지도] 과목과 [유아교과교재연구및지도법] 과목의 이론 강의는 비대면 수업으로 진행하였다. 비대면 수업은 강의실에서 교수자의 강의장면을 직접 촬영하여 탑재하는 방식과 PPT 화면에 교수자의 음성을 녹화하여 탑재하는 방식을 사용하였다. 먼저, 1~4주차까지의 비대면 수업은 교수자가 강의실에서 주차별로 35분 분량 동영상 3개씩 총 105분을 촬영하여 탑재하였고, 5~8주차까지의 비대면 수업은 PPT 강의자료에 교수자의 음성을 녹화하여 주차별로 35분 분량 동영상 3개씩 총 105분을 매주 LMS에 탑재하였다.

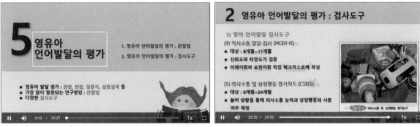

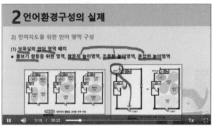

● 비대면 수업: 온라인 특강+온라인 현장학습

    2019학년도 1학기에는 대면으로 진행되었던 교과목 연계 특강과 현장학습이 2020학년도 1학기에는 COVID-19로 인해 전면 취소되어 온라인 특강과 온라인 현장학습으로 대체하였다. 대학원 [유아언어교육] 과목에서는 한국보육학회 학술대회에 참여할 예정이었으나 학회가 취소되어 관련 주제의 온라인 특강(아이와 나, 우리사이)으로 대체하였다.

    학부 [언어지도] 과목에서는 국립어린이청소년도서관 현장학습을 온라인 현장학습(홈페이지 소개)으로 대체하였고, [유아교과교재연구및지도법] 과목에서는 직장어린이집 현장학습을 어린이집 홈페이지 소개 및 어린이집 환경 동영상으로 대체하였다.

● 출석

비대면 수업으로만 진행된 과목의 경우 탑재된 동영상을 해당 기간 이내에 학습자가 시청한 경우 출석과 연동되도록 LMS에 설정하여 학습자의 출석, 지각, 결석 여부가 자동으로 처리되었고, 학습자의 동영상 강의 시청 진도율을 교수자가 실시간으로 확인할 수 있었다. 대면 수업과 비대면 수업이 함께 진행된 과목의 경우 대면 수업과 실시간 화상 수업 시 출석 확인 후 LMS에 입력하였다. 대면 수업 과정을 촬영하여 탑재한 경우 기본사항이 온라인 출석으로 설정되어 있어 대면 수업에 참여한 학생의 출석은 수동으로 (LMS에 입력하여) 출석 처리하였다.

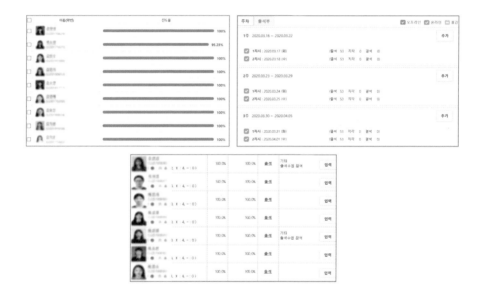

LMS에서 학습자의 온라인 강의 진도율을 확인할 수 있어 교수자는 언제든지 해당 과목 학습자의 진도율을 점검하고, 진도율이 낮은 학습자에게는 개별 쪽지를 발송하여 온라인 강의를 시청하도록 독려하였다.

● 과제 및 Q&A

1~8주차 수업이 비대면 수업으로 진행됨에 따라 학습자의 강의내용 이해 정도를 파악하고 강의 집중도를 높이기 위해 학습자가 과제물을 제출하거나 Q&A에 참여하도록 안내하였고, 학습자는 해당기간 동안 LMS '과제'에 과제물 파일을 탑재하거나 '열린게시판'에 Q&A 댓글을 작성하였다.

번호	과제명	진행	배점	제출	평가	마감일
5	보육실습 중간고사 대체 과제물[2] 온라인 제출 점수공개	종료	30	39	-	2020.05.15 오후 11:59
4	보육현장실습 환산점수 온라인 제출 점수공개	종료	40	39	39	2020.04.19 오후 11:59
3	보육실습 과제물[3] 온라인 제출 점수공개	종료	10	39	39	2020.04.19 오후 11:59
2	보육실습 과제물[2] 온라인 제출 점수공개	종료	5	39	39	2020.04.19 오후 11:59
1	보육실습 과제물[1] 온라인 제출 점수공개	종료	5	39	39	2020.04.12 오후 11:59

과제명	교과교재 과제물[1]
제출방식	온라인
공개일	2020.03.11 오후 2:58
마감일	2020.04.12 오후 11:59
지각제출	불허
점수공개	공개 (점수를 공개하면 본인에게만 점수가 공개됩니다)
배점	5
상호평가	아니오

[과제물 제출 안내 (1)]
데일의 경험의 원추이론 사례 작성하기

번호	제목	작성자	작성일
7	[Q&A] 교과교재 14주차 Q&A	성미영	06.08 오전 12:13
6	[Q&A] 교과교재 13주차 Q&A[11]	성미영	06.08 오전 12:13
5	[Q&A] 교과교재 12주차 Q&A[14]	성미영	06.03 오후 2:48
4	[Q&A] 교과교재 8주차 Q&A[17]	성미영	04.30 오후 7:28
3	[Q&A] 교과교재 7주차 Q&A[20]	성미영	04.27 오전 12:44
2	[Q&A] 교과교재 6주차 Q&A[20]	성미영	04.16 오후 9:08
1	[Q&A] 교과교재 5주차 Q&A[19]	성미영	04.13 오전 2:05

● 시험

2020학년도 1학기 강의계획서에는 2019학년도 1학기와 동일하게 중간시험과 기말시험을 출석시험으로 진행한다고 제시되었으나, COVID-19로 개강이 연기되고 비대면 수업으로 강의가 진행됨에 따라 먼저 중간시험을 과제물로 대체하였고, 뒤이어 기말시험도 과제물로 대체하였다.

보육교사 자격 과목 중 대면교과목에 해당하는 [언어지도] 과목의 경우 반드시 출석시험을 실시해야 한다는 보건복지부의 공문에 따라 기존 PBL 평가로 배정된 40점 중 20점을 기말시험 배점으로 수정하고, 기말시험을 출석시험으로 실시하였다. 마스크 착용, 발열 체크, 손소독제 사용 등 방역수칙을 철저하게 준수하고, 학습자 간 거리두기를 실천하여 특별한 문제없이 출석시험을 실시하였다.

● 강의평가 및 만족도

학습자

중간강의평가: 만족 사항

"원하는 시간에 들을 수 있어 시간 관리와 집중력 향상에 도움이 되었다."
"교수님이 직접 강의실에서 수업을 하고 영상을 올려 주셔서 실제 수업 공간에 있는 듯한 느낌이 들었다."
"온라인강의에 많은 제약이 있음에도 교수님께서 설명을 상세히 해 주셔서 좋았습니다. 특히, 시청각자료의 활용 덕분에 수업이 그렇게 지루하지는 않았습니다."

중간강의평가: 불만족 사항

"초반 강의에서는 강의실에서 직접 촬영해서 올리셨는데 음질이 안 좋았습니다. 하지만 후반 강의에서는 방식을 바꾸셔서 좋은 음질로 잘 들을 수 있었습니다."
"온라인강의 특성상 매주 과제가 나오는 것은 어쩔 수 없지만 과제가 많다고 느껴졌습니다."

기말강의평가: 만족 사항

"인터넷 강의였음에도 진행이 원활하였고 교수님께서 올려 주신 강의계획서와 맞게 진행되어 좋았다."
"처음 해 본 온라인 수업이었지만 배워야 할 점들을 자세하게 배울 수 있어서 현장강의 못지않은 강의였습니다."
"인터넷 강의였지만 학생들을 위해서 일정 변경 시 바로바로 강의계획서를 수정하여 공지해 주시고, 수업 역시 이해가 쉽도록 설명해 주시고, PBL 수업도 교수님의 지도 하에 잘 진행될 수 있었습니다."
"온라인 수업이었지만 학생들과 소통할 수 있는 장을 만들어 주셔서 감사하고, 강의자료도 업로드해 주셔서 수업에 더 집중할 수 있었어요. 한 학기 동안 힘을 다해 주셔서 감사합니다."

기말강의평가: 불만족 사항

"코로나로 인해 견학을 가지 못한 것이 너무 아쉽습니다."
"대면 강의를 녹화한 영상을 온라인 강의로 업로드해 주셨을 때 온라인 강의 학생들도 배려한 영상이 업로드되었으면 하는 아쉬움이 있습니다."

교수자

누구도 예상하지 못했던 COVID-19로 인해 [언어지도] 과목을 PBL로 운영할 수 있을지 걱정하였으나, ZOOM을 이용한 실시간 화상 수업으로 PBL을 진행할 수 있었다. 팀별 회의실에 교수자와 튜터가 실시간으로 참여하여 문제해결 과정에 팀이 갖는 장점을 적극적으로 활용하였고, 대면이 아니라 오히려 비대면이었기 때문에 화면 공유를 통해 다양한 관련자료에 대해 의견을 수렴할 수 있었다. 어쩔 수 없는 비대면 수업이었지만 성공적으로 PBL 수업을 운영할 수 있었고, 수업 내용에 따라 적절한 강의 방식이 무엇인지 확인할 수 있는 시간이었다.

개선사항

학기 초반에 강의실에서 직접 강의를 촬영하면서 강의화면 설명을 위해 이동하여 강의를 진행한 경우 마이크를 사용하지 않아 학습자가 동영상 강의를 시청할 때 음질이 좋지 않았으나, 5주차 강의부터는 PPT 강의자료에 녹음하여 강의를 진행함으로써 이러한 문제점을 개선하였다. 대면 수업 50분 강의를 비대면 수업으로 진행할 경우 35분 분량 동영상을 탑재하고 부족한 15분 분량에 대해 과제물 등으로 대체하도록 학사지원팀에서 요청하여 기존 학기보다 과제물에 대한 학습자의 부담이 더 컸다. 이러한 부담을 줄여 주기 위해 강의내용의 이해 여부를 확인하는 차원의 비교적 간단한 과제를 제출하도록 개선하였다.

● 에피소드

● 확장자가 .ppt인 파일에서 동영상 강의를 녹화한 다음 반드시 다른 이름 (확장자가 .pptx인 파일)으로 저장해야 한다. 학기 초반에 PPT로 동영상 강의를 사전녹화할 때 확장자가 .ppt인 파일에 슬라이드쇼 녹화 방식으로 음성을 녹음하고 저장하였으나 mp4 파일로 변환 후 녹음 상태를 확인했더니 녹음이 되어 있지 않아 몹시 당황스러웠다. 눈물을 머금고 1시간 분량의 녹음을 다시 해야 하는 시행착오를 겪었다.

● 학습자가 동영상을 녹화한 과제를 제출했으나 동영상 파일로 '비디오 만들기'를 하지 않아서 LMS에 동영상을 업로드할 수 없었다. 학습자에게 동영상 파일로 다시 만들도록 요청하지 않고 교수자가 '내보내기 → 비디오 만들기'에 의해 동영상 파일을 만든 후 LMS에 업로드하였다. 그 학습자는 이 사실을 여전히 모르고 있다.

● 추천 TIP!

- PBL 수업을 실시간 화상으로 진행하면 대면 수업보다 더 효과적이에요!
  기본적으로 PBL 수업은 대면 방식으로 진행된다. 그러나 이번 학기처럼
  어쩔 수 없는 상황으로 인해 비대면으로 수업이 진행될 경우 ZOOM을 활
  용하여 비대면으로도 PBL을 효과적으로 운영할 수 있다. ZOOM의 소회의
  실 기능을 이용하거나, 팀별로 회의실을 별도 운영하여 실시간 온라인 방
  식으로 교수자와 튜터가 팀별 학습자들과 원활하게 상호작용할 수 있다.
  그것도 대면 수업 때보다 훨씬 더 자주!

- PPT를 활용해 강의를 사전녹화할 때 '현재 슬라이드 녹화' 기능을 사용해요!
  PPT를 활용하여 강의를 사전녹화하는 방식은 몇 가지가 있는데, 그중 가
  장 편리한 방법은 '슬라이드쇼 녹화 → 현재 슬라이드 녹화' 기능을 활용하
  는 것이다. 이 기능을 사용하면 슬라이드 단위로 녹화를 할 수 있어 녹화
  가 잘못된 경우 해당 슬라이드 내용만 다시 녹화하면 되므로 효율적으로
  강의 녹화가 가능하다는 장점이 있다.

물류학

이정윤

● 2020학년도 1학기 담당과목 현황(학부)

과정	과목명	이수 구분	강의 유형	강의 방식	
				2019-1학기	2020-1학기
학부	국제물류론	전공 필수	이론	대면	비대면
학부	무역물류법규	전공 선택	이론	대면	비대면

● 2020학년도 1학기 담당과목별 강의 방식(학부)

과목 \ 강의 방식	대면 수업	비대면 수업			
		실시간 화상	사전 녹화	온라인 특강	온라인 현장학습
국제물류론			●		
무역물류법규			●		

● 2020학년도 1학기 담당과목별 교과목 개요

부경대학교 국제통상학부는 국제통상학, 국제무역물류학, 국제경영학의 3개 세부 전공으로 구성되어 있으며, 국제무역물류학 전공 소속 전임교원인 담당교수는 2020학년도 1학기 학부 수업으로 2학년 과정의 [국제물류론]과 3학년 과정의 [무역물류법규] 2개 과목을 개설하여 강의하였다. [국제물류론]은 학부생이 1학년을 마치고 세부 전공을 선택한 다음 가장 먼저 수강하는 전공필수 과목으로 국제통상(무역) 활동의 필연적 결과인 다양한 국제물류 현상에 대한 기초 지식과 이론을 학습한다. [무역물류법규]는 국제무역물류학 전공 분야에 대한 이해를 높이기 위해 유관 법령 및 제도의 특성을 탐구하는 전공선택 과목으로 물류정책기본법을 비롯하여 물류 분야 국가전문자격(물류관리사) 취득에 필요한 법령을 학습한다.

● 비대면 강의 방식 선택 및 준비 과정

2020년 1학기는 처음부터 비대면 강의가 확정된 것이 아니라, COVID-19 확산에 따라 단순 개강 연기(2주) → 한시적인 비대면 강의(추가 2주) → 전면 비대면 강의(3월 말~4월 초) 순으로 진행되었기 때문에, 처음 겪는 당황스러운 상황임에도 불구하고 비대면 강의 방식을 고민하고 준비할 시간을 다소 확보할 수 있었다. 대학에서 제시한 비대면 강의 방식은 크게 실시간 온라인 강의(ZOOM)와 강의 동영상 사전녹화였는데, 두 가지 방식 모두 경험이 없었던 까닭에 한시적인 비대면 강의 기간(3월 중순) 동안 대학원 수업에서 이들 방식을 모두 시험해 보고 학부 수업의 비대면 강의 방식을 선택하였다.

두 가지 수업 방식의 장단점이 분명하였으나, 주관적인 느낌으로는 실시간 온라인 강의(ZOOM)는 여러 기술적 문제(화면/음성 불량, 접속 끊김 등)로 인해 강의 진행 중의 산만함이 크게 다가왔고, 동일한 시간에 학생들에게 전달되는 정보와 학습량도 사전녹화 방식에 비해 부족하다고 판단되었다. 이에 대학원 수업보다 훨씬 많은 학생이 수강하는 학부 강의는 사전녹화 방식이 보다 적합하다고 판단하였다.

강의 사전녹화는 별도 스튜디오나 강의실이 아닌 담당교수의 연구실에서 웹캠, 마이크, 태블릿 등의 장비를 활용하여 진행되었다. 컴퓨터 화면에 강의 교안을 띄워 놓고 설명(마이크 녹음), 필기(태블릿 활용), 팝업 형태의 보충 자료(문서/인터넷 사이트/동영상 등) 전체를 녹화하는 방식으로 진행하였다. 강의 동영상의 촬영 및 편집은 경험자와 전문가에게 추천받은 상용 프로그램(유료/무료)을 활용하였는데, 처음에는 몇 가지 시행착오를 겪었으나 기본적인 기능을 숙지하여 활용하기까지 많은 시간이 소요되지는 않았다(그림 참조).

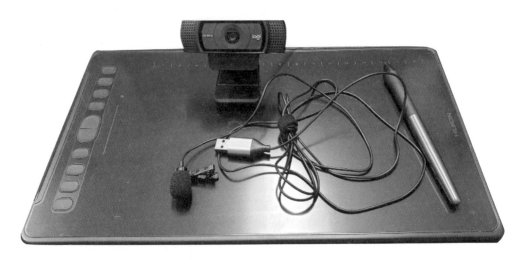

● LMS 공지사항을 통한 전체 수강생 커뮤니케이션

담당교수가 선택한 온라인 사전녹화 방식의 비대면 강의는 실시간 온라인 강의에 비해 학생들과 직접 소통할 기회가 적기 때문에, 금번 학기에는 LMS의 공지사항 기능을 적극 활용하여 전체 수강생과의 교감을 높이고자 하였다. 특히, 개강 연기는 물론 한시적 비대면 강의, 전면 비대면 강의 전환 등 관련 상황이 급박하게 변화했기 때문에, 학생들에게 정확한 정보를 신속하고 상세하게 공유하는 것이 중요하다고 생각하였다. 공지사항은 일주일에 평균 2회 이상 과목별로 학기 중 총 27~28회 정도 제공하였다. 공지사항의 주요 내용으로는 수업 진행 계획, 강의 교안 및 온라인 강의 동영상 게재 안내, 주별 퀴즈/과제 피드백 안내, 시험 일정 및 성적처리 방식 안내, 강의 진도율 제고 및 과제 제출 독려 등이다. 특히, 학생들의 불안한 상황을 고려하여 수강생들을 위로, 격려하는 글과 더불어 공지사항 게시 시점에 학생들과 공감할 수 있는 주요 뉴스(부산지역 확진자 발생 추세, 이태원 클럽 집단 감염 등) 등을 수시로 공유함으로써 대학과 담당교수가 어려운 상황을 함께 극복하고 있다는 메시지를 전달하고자 힘썼다.

온라인 강의 진행(3주차 이후) 진행 계획

이 정 윤 교수

○ 1-2주차 온라인 수업과 개인 과제 제출은 이미 공지한 일정대로 진행합니다. 마감시간(3월 27일 자정)까지 과제를 성실하게 제출한 학생에게 1-2주차 출석 및 과제 점수를 함께 부여할 예정이니, 반드시 시간을 준수해 주세요. 1-2주차 강의자료에 대한 보충 설명은 추후 담당 교수가 강의 동영상을 추가로 만들어 올릴 예정이고, 제출한 과제에 대한 간단한 피드백은 순차적으로 진행하겠습니다.

○ 3주차 이후 여러분의 온라인 강의 참여/학습 요령은 다음과 같습니다. 질문(또는 더 좋은 방법)이 있는 학생은 금요일(3월 27일)까지 이메일로 연락주길 바랍니다. 1주일 동안 여러분의 질문(또는 아이디어)을 취합한 다음, 수강생 모두에게 추가로 정보 공유가 필요할 경우 LMS 공지사항에 3월 29일(일) 오후 6시까지 다시 안내하겠습니다.

○ 온라인 강의용 교안 및 영상은 해당 전주 일요일 밤에 LMS에 업로드하는 것을 원칙으로 하겠습니다.(모든 강의교안을 새로 다 만들어야 되서 미리 LMS에 와있어야 없어요 ^^;) 예를 들면 3주차(3월 30일~4월 3일) 강의 관련 교안 및 동영상은 3월 29일(일) 자정까지 업로드 할 예정입니다.(1-2주차 강의 보충 동영상과는 별개입니다.) 강의 교안과는 LMS '강의자료 폴더'에 동영상은 '온라인강의' 폴더에 각각 올릴 예정이니, 교안을 미리 다운로드받아 활용하실 것을 권합니다.

○ 강의 동영상은 PPT, PDF, HWP 파일로 작성된 강의 교안을 바탕화면으로 하고, 담당 교수의 영상(일부) 및 목소리가 나오는 방식으로 작성할 예정입니다. 중요한 내용은 가끔 태블릿 펜을 활용하여 화면에 밑줄을 치거나 필기를 할 수도 있고, 필요한 경우에는 인터넷 검색 화면이나 별도 동영상을 보여줄 예정입니다. 담당 교수도 온라인 강의는 난생 처음(!) 해보는 시도라 여러모로 어색하고 서툴릅 것으로 걱정됩니다. 그래도 여러분의 학습효과를 최대한 높이기 위함이니 완성도가 조금 부족하더라도 너그러운 양해와 많은 격려(?)를 부탁합니다.

○ 강의 동영상에는 많은 글씨, 그림, 도표 등의 정보가 담겨있기 때문에 가급적 모바일(핸드폰, 태블릿)보다는 PC모니터/노트북/TV와 같이 큰 화면을 통해서 시청하기를 권합니다. 함께 제공할 예정인 강의 교안이나 참고자료를 미리 출력하여 읽어보는 것도 많은 도움이 될 것입니다.

○ 주차별 강의 출석 확인은 실시간으로 하는 대신 별도의 방식으로 확인하여 점수를 부여할 계획입니다. 따라서 주차별 강의(또는 과제)는 정해진 수업 시간에 맞추어 수행할 필요는 없고 해당 주 내에만 학습을 완료하되 담당 교수가 제시한 확인절차(간단한 퀴즈 또는 과제)를 이수하면 되겠습니다.

○ 별도의 온라인 강의 출석/학습 확인 절차는 매주 금요일까지 담당 교수가 제시하는 과제(퀴즈 또는 질문)를 LMS 과제 폴더에 제출하는 것으로 이루어집니다. 온라인 강의는 매주 1시간 30분 내외 분량의 3개 동영상(30분 내외 × 3개)으로 구성할 계획인데, 동영상마다 간단한 퀴즈 또는 질문을 올해(?) 삽입하여 녹화할 예정이니. 동영상을 학습한 다음 질문에 대한 개인적인 답변을 해당 주 금요일까지 LMS 과제 폴더에 제출한 학생들만 출석/학습을 한 것으로 인정합니다. (여러분의 학습효과를 높이려는 취지이니, 반드시 스스로 강의 동영상을 학습하고 절대 다른 친구에게 퀴즈/질문 내용을 물어보면 안됩니다. 여러분을 믿어요~)

○ 상상하기도 싫지만 만일 온라인 강의 기간이 중간고사 무렵(4월 초~이후)까지 연장될 경우, 한 달에 1-2번 정도는 예정된 오프라인 수업 시간에 Zoom 같은 실시간 회의 프로그램을 활용하여 여러분들을 직접 만나도록 하겠습니다. 하지만 다수가 참여하는 실시간 회의(강의)는 자칫 산만할 수 있기 때문에, 이 경우에는 강의(설명)는 이루어지지 않고 여러분의 생사 확인(?)과 강의 내용에 관한 질의응답(채팅방 질문·음성 대답)을 수행할 생각입니다.(약 30분~1시간 예상) 필요할 경우, 온라인 실시간 회의/강의 프로그램 개최 일시와 참여 방법은 추후 상세히 공지사항에 안내하도록 하겠습니다.

○ 기타 주차별 수업 진행 및 과제 수행에 필요한 공지사항은 매주 일요일 밤 또는 월요일 오전에 LMS 공지사항에 올리도록 하겠습니다. 수업 내용 및 과제에 대한 질문이 있는 경우 언제든 담당교수 이메일(jeologlm@pknu.ac.kr)로 문의해주면, 최대한 빠른 시간 안에 답변을 해주겠습니다. 또한 수강생 모두가 알아야 할 내용인 경우, 1주일에 1-2회 질문을 취합하여 답변을 공지할 예정입니다.

○ 아무리 좋은 온라인 강의도 실제 강의실 같은 학습 효과를 기대하기는 어렵지만. 그래도 우리 서로 최선을 다해봅시다. 모두 건강히 지내고 힙내요---

● LMS 쪽지 및 이메일을 활용한 개별 커뮤니케이션

공지사항 게시판을 통한 전체 수강생 안내와는 별도로 LMS의 '쪽지', '이메일' 기능을 활용하여 개별 수강생과의 커뮤니케이션에 많은 시간을 할애하였다. 담당교수는 학부생과 개인 연락처(휴대전화, 카톡 ID 등)를 공유하지 않았으며 별도의 SNS 계정(페이스북 등)도 운영하지 않았지만, 이러한 방식만으로도 학생들과 충분한 소통을 할 수 있었다. LMS의 '쪽지', '이메일' 기능을 통해 학생들이 문의한 내용은 주로 수업 내용에 대한 질문 및 건의사항이었으나, (기한/용량 만료로 삭제된) 온라인 동영상 강의 재시청, 출석 인정 여부, 과제 제출 확인, 시험 방식 등에 대한 다양한 질문이 제기되었다. 개인적 차원의 질의는 해당 학생에게 개별 쪽지나 이메일을 통해 최대한 빠른 시간 내에 답변해 주었고, 수강생 전체가 알아야 할 질문 내용이거나 담당교수의 실수로 잘못된 내용이 전달된 경우에는 전체 공지사항을 통해 안내함으로써 오류를 정정할 수 있었다(그림 참조).

	쪽지	이메일			
쪽지쓰기	**받은쪽지**	보낸쪽지		검색	search
☐	보낸사람		제목		날짜
☐	●●●	안녕하십니까 교수님 무역물류법규수업을 듣고있는 15학번 ●●●학생입니다.			06.06 오후 5:59
☐	●●●	RE RE [2020-1 무역물류법규 질문] 14학번 ●●●입니다! 질문 드립니다!			06.03 오후 10:22
☐	●●●	[2020-1 무역물류법규 질문] 14학번 ●●●입니다! 질문 드립니다!			06.03 오후 8:24
☐	●●●	안녕하십니까 교수님 무역물류법규 과제질문입니다!			05.26 오후 4:20
☐	●●●	네! 알겠습니다!			05.21 오후 8:49
☐	●●●	[삭제된 강의 문의사항] 무역물류법규 101분반 ●●● ●●●입니다.			05.20 오후 8:56
☐	●●●	기말고사 범위 관련 문의드립니다.			05.08 오후 3:15
☐	●●●	RE 무역물류법규-이정윤 님 이 보냈습니다.			04.29 오후 10:47
☐	●●●	RE RE RE RE 안녕하세요 교수님			04.23 오후 1:27
☐	●●●	RE RE 안녕하세요 교수님			04.23 오전 10:58

◀◀ PRE　1　2　3　**4**　5　6　7　8　NEXT ▶ ▶

삭제　닫기

	쪽지	이메일		
쪽지쓰기	받은쪽지	**보낸쪽지**		
제목	RE [삭제된 강의 문의사항] 무역물류법규 ●●● ●●● ●●●입니다.			
받은사람	●●●		읽은시간	05.21 오전 10:53

●●●가 잘 지내고 있니?

LMS에서 온라인 콘텐츠로 올릴 수 있는 용량한도가 40GB이기 때문에
새로운 강의를 게재하기 위해서는 수강기간의 지난 이전 동영상을 삭제해야 한단다.
그래서 몇 주 전 강의는 삭제가 된 모양이구나.
복습을 하는 것은 참 좋은 일인데, 지금으로선 별로 도와줄 방법이 없구나. ^^
추가로 궁금한 것이 있으면 또 연락하렴

이정윤 교수 드림

------ Original Message ------
From　●●●
To : 이정윤
Date : 2020.05.20 오후 8:56:29
Subject : [삭제된 강의 문의사항] 무역물류법규 101분반 ●●● ●●●입니다.

안녕하십니까, 이정윤 교수님

무역물류법규 101분반 ●●● ●●●입니다.

강의 복습을 4주차 2회, 5주차 1, 2회 강의를 듣고자 하였는데

관리자에 의해 삭제된 영상이라고 나와

교수님께 문의를 드리고자 쪽지를 남기게 되었습니다.

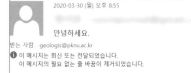

2020-03-30 (월) 오후 8:55

●●●
●●●

안녕하세요.

받는 사람　geologis@pkmu.ac.kr

ⓘ 이 메시지는 회신 또는 전달되었습니다.
이 메시지의 필요 줄 바꿈이 제거되었습니다.

안녕하세요, 교수님.
올려주신 강의를 듣다가 궁금한 것이 생겨 이렇게 메일을 드립니다.
국제물류현상의 배경에서 12페이지에 있는 캠벨 수프 사례에 관한 것인데요.
이 경우에는 국가마다 선호하는 식품이 다르기 때문에 기업이 현지의 기호에
맞추어 제품을 생산하는 방식이고, 따라서 캠벨 수프의 사례는 Adaptation
에 가까운 것이 아닌지요?
제가 잘못 이해하고 있는 부분에 대해서 답해주시면 감사하겠습니다.

건강하시고, 좋은 하루 보내세요.

●●● 드림

공지사항

■ · 국제물류론 · 공지사항

제목	7. 복습 강의 내용 정정(1)
작성자	●●●
공개일	2020.03.31 오전 10:01
조회수	87
상단알림	N

학우 여러분

1-2주 복습 강의(1) - 국제물류 현상의 배경(글로벌 소비)에서
다국적기업의 확산 전략을 설명하던 내용 중
Campells 수프의 국가별 품목 다변화 전략은
diffusion 사례가 아니라 adaptation 사례입니다.
(해당 강의 동영상 20분 45초 전후 부분)

혼자 중얼거리며 녹화하다보니 내가 실수했네요. ㅠ
다행스럽게 먼저 학습한 친구가 질문해줘서
이렇게 내용을 정정합니다. ^^

앞으로도 이처럼 이해가 잘 되지않는 경우가 있으면,
언제든지 질문 바랍니다.

또한 동영상 강의에 대한 건의, 개선 사항에 대해서
좋은 의견이 있으면 많이 전해주세요.

●●● 교수 드림

● 강의 교안/자료 준비 및 게시

　물류학 분야는 관련 산업(시장) 및 제도적 환경이 매우 빠르게 변화하는 특성 때문에 전공 강의에서 전통적인 수업 교재(도서)를 활용하기 어렵다. 이에 담당교수 개설 과목에서는 매 학기 해당 시점의 최신 자료와 변화된 상황을 반영하여 자체적인 강의 교안 및 참고자료를 ppt, pdf, hwp 파일 형태로 제작하여 수강생에게 배포한다. 강의 교안은 수업 진도에 따라 2~3주에 한 번씩 순차적으로 제작하여 제공하되, 다음 강의 교안의 게재 시점은 공지사항 게시판을 통해 미리 안내하였다. 다만, 금번 학기는 비대면 방식으로 운영되는 특성을 고려하여 이전 학기에 비해 이미지(사진, 그림 등) 및 동영상 자료의 활용 빈도를 크게 높였고, 학생 스스로 방문하여 추가 학습이 이루어지도록 유관 인터넷 사이트를 최대한 많이 소개(링크)하였다(그림 우측 상단 참조). 한편, [무역물류법규] 과목의 경우 국가법령정보센터의 현행 법률 조문을 기본 교재로 활용하는데, 동영상 수업 교재 특성을 고려하여 관련 문서를 가로 형태로 크게 확대 재편집하여 제공함으로써 학생들의 편의를 제고하였다(그림 우측 하단 참조).

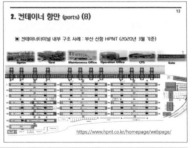

● 주차 및 차시별, 강의 콘텐츠별 동영상 제작 및 탑재

학부 전공 수업(이론)은 대부분 3학점을 기준으로 50분 단위의 '2시간 + 1시간' 수업 또는 75분 단위의 '1.5시간 + 1.5시간' 수업 패턴으로 구성된다. 비대면 수업의 학습 인정 시간은 일반 오프라인 수업 시간의 1/2인데, 이것은 학생과 양방향 소통 없이 일방으로 진행되는 온라인 수업의 특성 때문으로 이해된다. 이번 학기 담당교수는 50분 단위 월(1시간), 수(2시간) 패턴으로 운영되는 [국제물류론]과 75분 단위 화(75분), 목(75분) 패턴으로 운영되는 [무역물류법규] 수업을 개설하였는데, 수업 특성에 맞추어 50분 단위 과목은 시간당 25~30분 내외의 강의 동영상 1개를 제작하고, 75분 단위 과목은 시간당 15~20분 내외의 강의 동영상 2개를 각각 제작하여 대면 수업 시간표에 맞추어 탑재하였다.

LMS에 주차별 강의 동영상을 업로드하는 시점은 해당 주차가 시작되기 직전 일요일 오후(저녁)로 통일하고, 탑재 직후 공지사항 게시판을 통해 다음 주 온라인 강의가 업로드되었음을 안내하였다. 수강생 피드백 결과, 실제 오프라인 수업 시간과 동일한 방식으로 강의 동영상이 일정한 간격으로 제공되는 것이 좋았고, 1개 강의 동영상이 30분 이내(약 20~25분)로 구성되어 수업 집중도를 유지할 수 있었다는 긍정적인 평가가 많았다. LMS에 온라인 강의를 탑재할 경우, 주차별 차시와 출석 적용일, 출석인정 학습기간, 추가 시청 가능 여부 등을 별도로 설정할 수 있으며, 권장 진도율과 학생별 학습 진도율을 수시로 체크할 수 있기 때문에 출석 및 참여도 평가에 유용하게 활용할 수 있었다.

● 동영상 강의 구성 및 진행 방법

비대면 온라인 수업을 진행하면서 가장 어려웠던 점은 수강생이 없는 공간에서 혼자 카메라를 보며 끊임없이 말을 해야 하는 어색함이었다. 하지만 학생이 보다 수업에 집중하고 오프라인 강의나 실시간 동영상 수업과 유사한 효과를 내기 위해서는 담당교수가 주기적으로 강의 화면에 등장할 필요가 있다고 판단하였다. 이에 학생들에게 제공하는 모든 강의 동영상의 첫부분(또는 끝부분)에는 웹캠을 켜고 얼굴(카메라)을 보며 이전 수업 내용에 대한 간단한 요약(복습), 금일 학습 내용 및 공지사항 등을 전달하거나, 해당 시기에 발생하는 사회적 이슈에 대해서 가벼운 이야기를 나누는 장치(1~2분 내외)를 마련하였다. 이 외 시간에는 웹캠을 끄고 준비된 강의 교안에 태블릿을 활용하여 추가 텍스트를 필기하거나 밑줄, 그림을 그리며 설명하는 방식으로 강의를 진행하였다. 두 과목 모두 이론적인 내용을 학습하는 수업이기 때문에, 일방적인 온라인 강의에서 학생들의 수업 집중력이 저하될 것이 가장 우려되었다. 이에 학생들이 흥미를 유지할 수 있도록 다양한 시각적 보조자료를 활용하였는데, [국제물류론] 과목에서는 실제 물류활동이 일어나는 현장 사진 및 동영상을 수시로 보여 주거나 지도를 띄워 놓고 설명하는 방식을 많이 활용하였고, [무역물류법규] 과목에서는 학생들이 생활 주변에서 관련 법령과 제도가 실제로 작동하는 상황을 이해할 수 있도록 유관 기관의 사이트를 방문하거나 언론 기사 등을 자주 활용하였다.

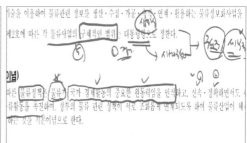

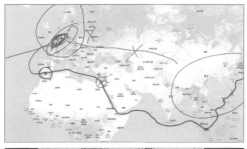

● 주별 퀴즈/학습과제 부여 및 개인별 피드백

담당교수의 입장에서 비대면 수업 진행의 가장 큰 고민은 학생들의 학습 이해도 및 성취 수준을 실시간으로 측정하여 수업에 반영하기 어렵다는 점이었다. 이에 금번 학기에는 학습 일자별 온라인 동영상 강의(1~2개)마다 1~3개의 퀴즈 및 자율 학습과제를 부여하여 수강생의 학습 성과를 높이고자 하였다. 온라인 수업에서 학생들의 가장 큰 불만이 과도한 과제물 부여라는 점을 고려하여, 과목별로 매주 제시한 퀴즈 및 학습과제는 해당 주차 동영상 강의를 꼼꼼히 수강하거나 특정 사이트를 추가로 방문하면 금방 확인할 수 있는 간단한 내용으로 구성하였다. 다만, 동영상 내에서 퀴즈 및 과제를 부여하는 시점을 강의 초반, 중반, 후반 등으로 불규칙하게 배열함으로써, 해당 강의 동영상을 모두 시청해야만 과제를 정확하게 수행할 수 있도록 유도하였다. 매주 LMS '과제' 폴더에 퀴즈 정답 또는 자율학습 결과물을 제출하도록 하고, 학생 개인별로 퀴즈 정답 여부 및 추가 학습 방향에 대한 간단한 피드백을 제공하였다. 담당교수 입장에서는 매주 상당한 시간이 소요되는 번거로운 작업이었지만, 앞서 언급한 '쪽지', '이메일'과 함께 비대면 온라인 수업의 약점을 보완할 수 있는 가장 효과적인 커뮤니케이션 방식으로 판단되었고, 실제로도 이러한 소통 방식에 대한 학생들의 만족도가 매우 높은 것으로 나타났다.

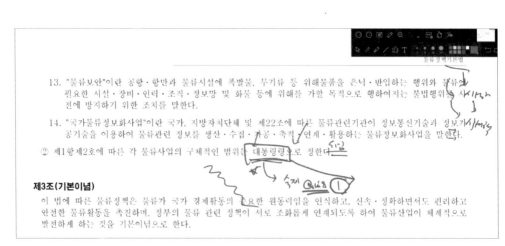

● 출석 및 수업 참여도 관리

LMS에 주차별, 차시별 온라인 강의를 탑재할 때 해당 강의의 출석을 인정하는 수강 기간을 설정할 수 있기 때문에, 출석 여부는 시스템에서 자동으로 관리할 수 있다. 하지만 온라인 강의의 특성상 출석 관리의 목적은 단순한 평가에 머무르기보다 학생들이 해당 수업을 제대로 수강하게 하는 데 있다고 판단하였다. 금번 학기 동안 수강생 개인 특성에 따라 온라인 강의를 업로드한 당일(또는 익일)에 모든 수업을 바로 시청하는 학생이 있는 반면, 일부 학생들은 제시된 수강기간 내에 강의를 듣지 않는(못하는) 경우가 있었다(후자는 LMS 시스템상에서 지각/결석으로 자동 처리됨). 이에 이번 학기 담당교수 교과목은 모든 수업의 출석 인정기간을 일괄적으로 2주로 설정하고 일주일에 1~2회씩 과목별로 온라인 수업 진도율을 추가로 체크하여 수강생의 수업 참여 수준을 점검하였다. 하지만 종강 2주 전에는 게시된 모든 주차 수업의 수강 기간을 학기말까지 연장하고 공지사항을 통해 미수강 학생의 추가 수업 시청 및 과제 제출을 독려하였는데, 이러한 과정을 통해 이전 학기에 비해 학기말 최종 수업 진도율 및 참여율 수준을 제고할 수 있었다(수업일수/출결 미달로 인한 F학점 부여 사례가 이전 학기보다 적었음).

● 시험, 기말과제, 보고서 제출 및 성적 처리

COVID-19로 학사 일정이 지연됨에 따라 담당교수 교과목은 중간고사 기간에도 온라인 수업을 지속하였으며, 시험은 기말고사만 실시하였다. 비대면 온라인 방식으로 진행되는 시험이므로 단순한 암기 지식을 묻는 객관식 또는 단답형 문제는 부정행위에 대한 우려를 원천적으로 차단할 수 없다고 판단하였다. 따라서 기말고사는 시험 일시(1시간)를 사전에 고지하고 수강생이 과목별 학습목표를 종합적으로 달성했는가를 측정하는 논술형 문제로 출제하였다. 시험 당일에 문제를 공개하지 않고 시험 일주일 전 문제(안)를 공지함으로써, 본인의 학습 내용 및 생각을 충분히 정리하고 사전에 답안을 준비하는 것도 허락하였다. 사실상 전통적 방식의 '시험'이라기보다는 자기주도적 학습 내용에 대한 종합적인 이해도를 측정하는 '에세이'를 작성하고 평가하는 형태였는데, 마침 절대평가 제도가 도입되어 상대평가의 부담을 덜 수 있었다. 기말고사와는 별개로 한 학기 학습 성취도를 측정할 수 있는 개인 기말보고서를 제출하도록 함으로써, 과목별로 적절한 과제/주제 설정, 자료 수집, 분석 및 표현 능력 수준 등을 추가로 평가하였다.

전면적인 비대면 강의 시행에 따라 학기 초(강의계획서)에 고지했던 평가 방식 대신, 평가요소별 배점 및 기준을 사전에 안내하고 성적을 산출하였다(표 참조). 절대평가의 특성을 활용하여 한 학기 동안 80% 이상 온라인 강의를 이수하거나 주별 과제를 수행하고 정해진 방식과 시간 내에 기말고사 응시와 보고서 제출을 완료한 학생에게는 C+등급 수준(100점 만점에 75점)의 기본 점수를 제공하였고, 분야별 성과를 평가하여 적정 수준의 가산점 또는 감점을 부여하였다. 가산점은 기본 배점 이상까지 획득할 수 있도록 설계하여 다른 평가요소에서 점수가 부족한 학생들에게 추가적으로 동기를 부여하였다. 그러나 실제로 기본 배점을 초과하는 가산점까지 획득한 학생은 극소수였다. 학기말 평가 결과, 2개 과목 모두 기존 상대평가(A등급 30%, B등급 이상 70% 이내)보다는 다소 높은 비율의 A등급(약 50%), B등급 이상(약 80%) 성적이 부여되었으나, F등급을 포함하여 C등급 이하의 성적을 받은 학생도 전체 수강생의 약 20%에 달하였다.

평가요소 구분	온라인 강의	주별 과제	기말고사	학기말 보고서	계
배점	50	20	15	15	100
기본 점수	40 80% 이상 수업 출석 및 수강 완료 시	15 주별 과제를 80% 이상 제출한 경우	10 정해진 시간에 올바른 방식으로 시험 완료 시	10 마감 기한 내 올바른 형식으로 제출한 경우	75
가산점	1 ~ 15 온라인 학습 태도/참여도를 고려하여 차등 부여	1 ~ 10 질의/피드백 과제 내용 및 성실성 수준에 따라 차등 부여	1 ~ 10 시험 답안 내용의 우수성 수준에 따라 차등 부여	1 ~ 10 보고서 내용의 성실성/우수성 수준에 따른 차등 부여	1~ 45
감점	−1 ~ −10 출석률, 지각, 수강 미완료 수준에 따라 차등 감점	−1 ~ −5 미(지각)제출, 과제 내용의 부실 수준에 따라 차등 감점	−1 ~ −5 시험 답안 내용의 부실 수준에 따라 차등 감점	−1 ~ −5 본인 고유의 생각/주장 없이 자료만 나열한 경우 차등 감점	−1~ −25

● 강의평가 및 만족도

학습자

- 우리 대학의 공식 강의평가는 중간(1차) 및 최종(2차)의 2단계로 이루어지나, 금번 학기는 비대면 수업으로 인해 학기말에만 한 차례 강의평가가 시행되었다. 이전에도 담당교수의 학부 교과목은 (다행스럽게도) 양호한 강의평가를 받은 편이었는데, 비대면 수업으로 진행된 금번 학기의 수강생 강의평가는 예상과 달리 과거보다 더욱 호의적이었다(그림 참조). 이런 결과가 나타난 원인은 담당교수의 전공수업 콘텐츠나 질적 수준이 오프라인으로 진행되었던 이전 학기보다 우수했기 때문이 아니라, 비록 비대면이지만 과거보다 학생들과 더욱 많이 교류하고 어려운 상황을 공감하려는 마음이 전달되었기 때문으로 추정된다.

- 특히, 주기적으로 상세한 정보를 공유했던 공지사항, 개별 쪽지 및 이메일 그리고 주별 과제에 대한 피드백 등을 통해 대면 수업에 비해 학생들과 다양한 채널로 소통했던 것이 수업 만족도를 높이는 데 기여했을 것으로 판단된다. 하지만 이러한 방식은 담당교수가 기존 오프라인 수업에 비해 월등히 많은 시간과 노력을 추가로 투입해야 하므로 수강생이 많은 대형 강의나 실험·실습이 필요한 교과목에서는 적용하기 어려울 것이며, 따라서 수업 특성에 맞는 적절한 비대면 커뮤니케이션 방식과 수준에 대한 고민이 필요할 것이다.

- 금번 학기 비대면 수업을 통해 학생들과 교류하면서, 어린 시절부터 인터넷 동영상 강의에 익숙한 현재 대학생들은 스스로 학습시간과 방식을 선택할 수 있는 온라인 강의에 대한 거부감이 낮고, 반복 학습이 가능한 동영상 강의에 대한 선호도가 높다는 것을 확인할 수 있었다. 또한 적절한 동기부여와 피드백이 제공된다면, 비대면 수업 방식을 통해서도 학생 스스로 관련 정보를 찾고 고민하는 자기주도적 학습이 충분히 이루어질 수 있는 가능성을 발견할 수 있었다.

3

회계학

배성호

● 2020학년도 1학기 담당과목 현황

과정	과목명	강의 유형	강의 방식	
			2019–1학기	2020–1학기
학부	원가관리회계원론	이론	대면	비대면
학부	고급관리회계	이론	대면	비대면
대학원	회계이론세미나	이론	대면	비대면

● 2020학년도 1학기 담당과목별 강의 방식

과목 \ 강의 방식	대면 수업	비대면 수업			
		실시간 화상	사전 녹화	온라인 특강	온라인 현장학습
원가관리회계원론			●		
고급관리회계			●		
회계이론세미나		●	●	●	

● 2020학년도 1학기 담당과목별 교과목 개요

경북대학교 경영학부에서는 회계학 관련 교과목을 개설하여 기업경영에서 적용할 수 있는 회계에 대해 학습함과 동시에 공인회계사, 세무사, 공무원 등 각종 시험을 준비할 수 있다. 회계학 과목의 경우 학생들에게는 어렵다는 인식이 지배적인데, 이를 해소하기 위해 실제 기업의 사례를 바탕으로 한 개념 설명과 실전 투자에서 회계학이 어떻게 활용되는지를 강의함으로써 '회계는 어려운 것이 아니라 익숙치 않은 것'이라는 것을 알려 주기 위해 노력한다. [원가관리회계원론]과 [고급관리회계] 과목의 목적은 기업의 원가관리에 대한 이해를 통해 경영자의 의도와 기업경영을 창의적이고 융합적으로 해석하게 하는 것이다. 또한 공인회계사 등 진로탐색 기회를 제공하고 우리나라 경제와 세계 자본시장에 대해 건전한 비판을 할 수 있는 탐색능력을 증대시키고자 한다. [원가관리회계원론]은 학부 3학년을 대상으로 한 과목으로 제조업의 원가계산 흐름 및 개별원가계산, 종합원가계산, 결합원가계산 등 다양한 원가계산 방법을 학습한다. [고급관리회계]는 학부 4학년을 대상으로 한 과목으로 기업을 경영할 때 중점 관리 항목 및 의사결정 지원 방법에 대해 학습한다. 전략적 원가관리, 균형잡힌 성과표 등 최신 경영관리와 의사결정 지원 방법에 대해 학습한다. [회계이론세미나]는 일반대학원에 개설된 과목으로서 학문적 관점에서 다양한 회계학의 선행연구에 대해 이해하고 실증 분석 주제를 발굴하고 논문작성 능력을 배양한다. 특히, 회계학이 경제학에 근간을 두고 재무학에서 파생된 학문임과 동시에 회계학 고유의 실용 영역이 존재함을 인지시켜 창의적인 연구를 수행할 수 있게 한다.

● 비대면 수업: 사전녹화 수업(강의실 촬영+PPT 녹화)

[원가관리회계원론] 과목과 [고급관리회계] 과목의 이론 강의는 비대면 수업으로 진행하였다. 비대면 수업은 연구실에서 교수자의 강의 장면을 직접 촬영하여 탑재하는 방식, PPT 화면에 교수자의 음성을 녹화하여 탑재하는 방식과 더불어 교수자의 경북대학교 온라인 강좌 중 일부 내용을 편집하여 사용하였다. 먼저, 1주차 오리엔테이션 수업 30분 분량은 PPT 강의자료에 교수자의 음성을 녹화하여 LMS에 탑재하였고 나머지 모든 비대면 수업은 교수자가 연구실에서 주차별로 40분 분량 동영상 3~5개를 촬영하여 탑재하거나 다른 온라인 강좌의 일부 내용을 편집하여 매주 LMS에 탑재하였다.

녹화된 강의를 학생들에게 전달하기 위한 방법으로 유튜브에 업로드하는 것을 고민해 보았다. 그러나 조명, 마이크, 카메라 등 촬영 장비를 제대로 갖추지 못한 상황에서 강의를 촬영하여 유튜브에 업로드하기에는 너무 조심스러웠다. 배경음악, 그림 등을 동영상에 삽입해 보려고 시도하였는데, 이 또한 저작권 문제를 고려하여야 한다는 주위의 만류에 유튜브 업로드는 결국 포기하였다.

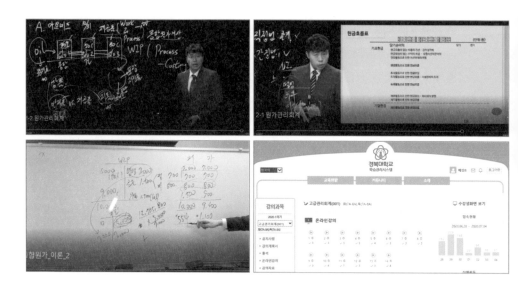

● 비대면 수업: 실시간 화상 수업

　일반대학원 수업인 [회계이론세미나] 과목은 논문 발표와 토론이 주된 수업 내용이므로 ZOOM을 사용하여 실시간 화상 수업으로 진행하였다. 총 수강인원이 10명이어서 ZOOM을 이용하여 수업을 진행하는 데 크게 어려움은 없었으며 발표자가 화면공유를 하여 수업이 원활히 진행되었다.

　실시간 화상 수업은 사전녹화 수업보다 수업의 몰입도가 상대적으로 높다는 장점이 있다. 그러나 많은 수의 학생들을 대상으로 강의를 진행하는 경우 학생들과의 의사소통이 오히려 원활하지 못할 수 있고, 질의응답 시간이 의외로 많이 소요되는 단점이 있었다. ZOOM으로 수업을 진행할 때 관리자가 참여자의 '입장'을 수락해야 하는데, 수업 시작 시간에 늦게 들어오는 학생들의 경우 관리자인 교수자가 수업을 진행하면서 '입장' 수락을 하다 보면 교수자의 수업에 대한 집중도가 떨어진다. 따라서 실시간 화상 수업의 경우 학생들이 지각하지 않도록 관리를 철저히 해야 한다.

　실시간 화상 수업을 진행하면서 어려웠던 점은 바로 '필기'였다. 회계학이라는 과목의 특성상 숫자를 많이 쓰고 문제풀이를 많이 하는데 마우스로 글을 쓰기가 쉽지 않았다. 이로 인해 수업 종료 후 글씨를 제대로 알아보지 못한 학생들이 질문하는 경우가 종종 있었다.

주위에서는 '애플 펜슬', '와콤 태블릿'을 추천하였다. '애플 펜슬'은 아이패드를 구매해야 한다는 점과, 안드로이드 시스템에 익숙한 경우 활용이 쉽지 않다는 단점이 있다. 특히, 2020학년도 1학기는 COVID-19의 급격한 상황 변화로 인해 강의를 준비할 시간이 충분치 않았기 때문에 새로운 시스템에 적응하기에는 역부족이었다. 그래서 '와콤 태블릿'을 선택하여 판서를 하였다.

'와콤 태블릿'은 액정 화면 위에 필기를 하는 방식으로 펜의 반응 속도가 매우 좋았다. 글씨를 조금 천천히 크게 쓰면 글씨가 훨씬 뚜렷하고 예쁘게 나오는 것 같았다. 2020학년도 2학기에도 매우 유용하게 사용할 것 같다.

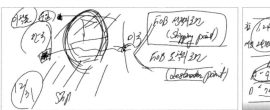

● 출석

비대면 사전녹화 수업의 경우 동영상을 시청하면 LMS에 자동으로 출석이 인정되도록 설정하였다. 이때 출석 인정 기간을 1주일 정도로 여유 있게 설정하여 서버 과부하로 인한 접속불가 현상을 피하고자 하였다. 비대면 실시간 수업인 경우의 출석은 교수자가 직접 확인하였다. 다만, 수업 시작 후에 입장하는 학생들이 많으면 수업의 집중도가 떨어지므로 이를 막기 위해 지각처리에 대한 사전 공지가 필수적이었다.

● 과제

비대면 수업 진행의 효과를 높이기 위해 과제를 주기적으로 부여하고, 과제에 대한 피드백을 제공하였다. LMS '과제'에 과제물 파일을 탑재하는 방법을 사용하였다.

● 시험

COVID-19로 인해 중간고사는 실시하지 못하였고, 기말고사는 대학원 수업의 경우 연구계획서 제출로 대체하였다. 학부 수업의 경우 대면시험으로 진행하였다. 특히, 학부 과정 회계학 수업의 경우는 공인회계사 시험을 준비하는 학생이 많으므로 대리시험 등 시험의 부정행위 가능성이 크다. 이러한 이유로 공정한 평가를 위해 기말시험은 방역수칙을 준수하면서 대면시험으로 진행하였다.

● 강의평가 및 만족도

학습자

중간강의평가: 만족 사항

"수업 내용, 강의 전달력, 기법, 유인물과 교재 사용 그리고 학생과 소통까지 모두 잘하려고 노력하시고 실제로 잘해 주고 계십니다. 처음 원가회계를 듣는 학생으로서 교수님의 수업을 듣는 것이 정말 다행이었다고 생각하고 있습니다."

"친절하시고 강의도 미리 올려 주시고 게다가 강의 질까지 정말 좋은 점 투성이입니다."

"평가과정에서 공정한 평가를 위해 절대평가라든지 교실에서 치르는 시험이라든지 좋은 방안이 얼른 마련됐으면 좋겠습니다!"

기말강의평가: 만족 사항

"다양한 연습문제 풀이로 개념 숙지와 문제이해를 동시에 할 수 있게 되었습니다."

"선수과목에서의 내용을 간략히 요약하면서 보다 수험 목적으로 적합하게 강의해 주셔서 매우 유익했습니다."

"교수님이 집필하신 논문에 대해서 분석하는 리포트를 작성하였는데, 평상시에 논문을 쉽게 접하지 않는데 이를 살펴볼 수 있는 기회가 있어서 좋았습니다."

"CVP분석과 종합원가계산. 개인적으로 교수님 밑에서 표준원가를 배우지 못하여 아쉬웠습니다. 다음 학기에도 교수님 강의를 수강하고 싶습니다."

"초반 종합원가까지의 진도에서 속도가 비교적 느렸던 것과 달리 연산물~CVP분석까지의 진도 부분이 매우 빨랐습니다. 2학년 2학기 원가관리회계에서 표준원가를 수강하고 오는 것을 감안할 때, 이미 교수님께서 온라인강의로 개설하신 원가관리회계의 강의 부분을 LMS로 보충해 주신다면 고급관리에서 표준원가를 다루셔도 괜찮을 것 같습니다."

교수자

COVID-19로 인해 학기 초에 학생들의 강의에 대한 불만이 많았다. 이러한 불만의 가장 큰 이유는 소통의 어려움이라고 생각된다. 이에 LMS의 게시판을 활용하여 모르는 내용에 대해 질문을 하도록 하고 학생들이 댓글을 달도록 유도하였으며, 이에 대해 교수자가 확인하는 방식으로 강의를 진행하였다. 시험 전 희망 학생들에 한하여 모르는 내용에 대해 전화통화로 궁금증을 해소하도록 노력하였다. 경북대학교는 강의만족도 조사를 학기 중 1회, 학기 종료 후 1회 실시하는데, 2번의 조사 모두 다행히 주관식 강의평가에서 비대면 수업 방식에 대한 불만 사항은 특별히 없었다. 한 학기 동안 밤잠을 설친 결과라 생각하니 뿌듯했다.

● 에피소드

- 스마트폰으로 동영상을 촬영한 후 동영상 편집을 위해 '곰믹스' 프로그램을 사용하였는데 편집이 익숙지 않아 밤을 지샌 날이 많았다. 그리고 동영상 녹화 용량이 커서 LMS에 업로드할 때 시간이 많이 소요된 것이 가장 기억에 남는다.
- 동영상 편집이 익숙해질 무렵 동영상 강의 품질에 욕심이 생겨 많은 시간을 투입하여 배경음악, 그림 등을 포함시켜 제작하였다가 저작권 침해 가능성 이야기를 듣고 급히 삭제하였다.
- 스마트폰으로 동영상을 촬영하던 중 스마트폰 저장 용량을 초과하여 동영상이 촬영되지 않았는데, 이를 모르고 한 시간 정도 수업을 진행한 경험이 있다. 결국 동일한 내용의 강의를 두 번 촬영하였다.

● 추천 TIP!

- 스마트폰으로 동영상을 촬영한 후 용량을 줄이기 위해 'Shana Encoder'라는 무료 프로그램을 다운로드받아 사용하였는데 매우 효과적이었다.

- 사전녹화 강의와 비대면 실시간 강의를 격주로 병행하는 방법을 추천한다. 사전녹화 강의는 학생들과 소통이 어렵고 학생의 이해도를 파악하지 못한 채 진도를 많이 나가게 된다. 비대면 실시간 강의와 병행하여 학생들과 Q&A 시간을 많이 가지는 것이 좋을 것 같다.

- 스마트폰으로 강의 촬영 시 반드시 저장 용량을 확인하는 것이 좋다. 그렇지 않으면 동일한 강의를 두 번 촬영할 수도 있다.

- 비대면 강의에서 최우선시되는 것은 청각이고 그다음이 시각인 것 같다. 따라서 교수자는 자신의 목소리가 학습자에게 제대로 전달되는지 반드시 사전에 확인해야 한다.

- 비대면 실시간 강의에서는 지각생 관리가 중요하다. 지각생이 있으면 교수자와 학습자 모두 강의에 대한 집중력이 떨어진다.

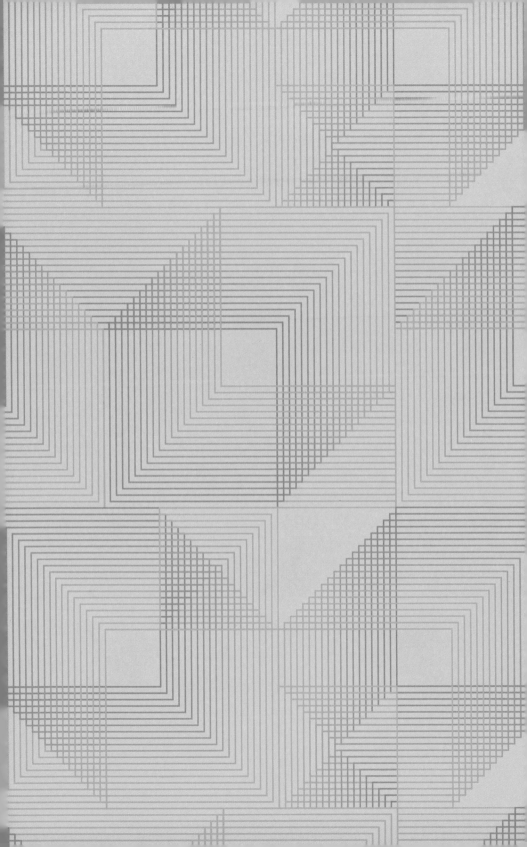

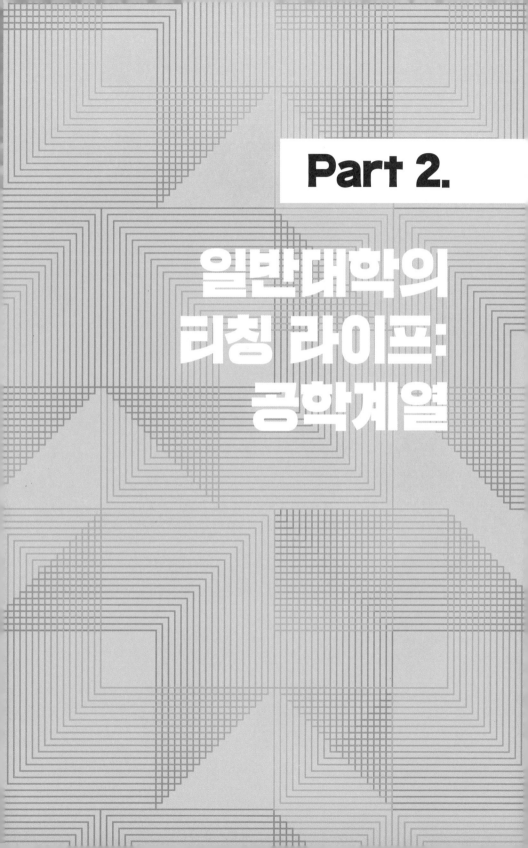

Part 2.

일반대학의
티칭 라이프:
공학계열

4

환경공학

조진우

● 2020학년도 1학기 담당과목 현황

과정	과목명	강의 유형	강의 방식	
			2019-1학기	2020-1학기
학부	환경유체역학	이론	대면	비대면
학부	하폐수처리및실습	이론+실험실습	대면	대면+비대면

● 2020학년도 1학기 담당과목별 강의 방식

강의 방식 과목	대면 수업	비대면 수업			
		실시간 화상	사전 녹화	온라인 특강	온라인 현장학습
환경유체역학			●		
하폐수처리 및 실습	● *		●		

* 2주간 실험실습 수업 진행

● 2020학년도 1학기 담당과목별 교과목 개요

　　2020학년도 1학기에는 학부 과정에서 [환경유체역학](3학년) 및 [하폐수처리 및실습](4학년) 과목을 개설하였다. [환경유체역학] 과목에서 학습자는 환경오염 물질의 주요 이동 매개체로서 유체의 기본적인 물리적 특성을 이해하고 유체 거동을 해석할 수 있는 지식을 학습함으로써 고등 학습을 위한 기본적인 소양을 배양할 수 있도록 한다. [하폐수처리및실습] 과목에서 학습자는 생활하수 및 폐수의 처리와 관련된 기존의 생물학적, 화학적, 물리적인 방법을 살펴보고 이러한 방법들이 실제 수처리 공정과 운전에 어떻게 응용되고 있는지 학습하고 실험실습을 통해 문제 해결 및 이론의 현장 적용 능력을 배양한다.

● 비대면 수업: 사전녹화 수업(PPT 녹화+강의음성+강의필기 촬영)

이론 과목인 [환경유체역학] 과목은 총 15주차에 걸쳐 비대면 수업을 진행하였다. 각 주차에 한 시수당 25분 분량(대면 수업 시 50분의 50%에 해당)의 사전녹화된 강의영상을 블랙보드(Blackboard)에 업로드하여 학습자들이 시청할 수 있도록 하였다. 이 과목의 시수는 주당 3시간이므로 매 주차에 각 25분 분량의 영상 3개를 업로드하였다. 강의영상과 더불어 강의노트, 강의 PPT, 기타 학습자료를 사전에 블랙보드에 업로드하여 해당 주차 강의영상 시청과 병행하여 학습에 활용할 수 있도록 하였다. 강의영상 사전녹화는 대학에서 제공한 Everlac을 활용하였으며, 실제 영상에서는 사전 업로드된 자료의 화면과 강의 음성이 녹화되도록 하였다. 또한 Wacom 전자펜과 MS one note를 이용하여 업로드 자료에 필기 내용과 별도의 판서 내용이 화면에 녹화될 수 있도록 하였다. 해당 주차 강의영상 시청 후 질문사항이 있는 경우는 이메일이나 SNS를 이용하여 질문과 답변이 이루어지도록 하였다.

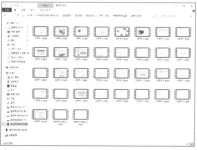
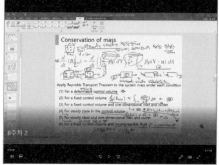

● 비대면+대면 수업: 사전녹화 이론(PPT 녹화+강의음성+강의필기 촬영) 및 실험실습 수업

이론+실험실습 과목인 [하폐수처리및실습] 과목의 이론 강의는 비대면 수업으로 진행하였다. 비대면 수업은 앞서 [환경유체역학] 과목과 동일한 방식으로 진행되었다. 즉, 블랙보드(Blackboard)를 통하여 강의자료 및 사전녹화된 강의 영상(PPT+강의음성+필기영상)을 매주 첫 번째 강의일에 모두 업로드하고 학습자가 시청할 수 있도록 하였다. [하폐수처리및실습] 과목의 시수는 주당 4시간이며, 이 중 2시간은 이론, 2시간은 실험실습을 진행하게 되어 있다. 하지만 COVID-19로 인해 매주 2시간의 대면 실험실습을 진행하기는 어려운 상황이었으므로 대면 실험실습은 기존대비 실험실습의 종류와 양을 50% 수준으로 축소하여 진행하였다.

총 15주차 수업 중 2주차에 걸쳐 실험실습을 진행하였고 나머지 주차는 이론 수업으로 대체하였다. 이론수업을 위한 영상은 시수가 2시간이므로 25분 분량 2개 영상을 매주 업로드하면 되었지만, 이번 학기의 경우 실험실습 일수가 충족되지 못하는 만큼 예외적으로 이론수업 3개 영상을 업로드하여 실험실습 부족분을 대체하였다. 실험실습의 경우는 사회적 거리두기 지침을 준수하면서 대면 수업으로 진행하였다. 10인 이하로 1개 조를 구성하여 총 6개 분반을 구성하고, 각 분반별로 실험실습 날짜와 시간을 달리하여 진행함으로써 대면 수업 참여 과정에서 학습자 간 감염 위험을 최소화하였다. 실험실습 참여 이전에 발열 체크 및 문진을 시행하였고, 실험실습 전에 실습 관련 자료(실험방법 등)를 업로드하고 학습자가 이를 숙지한 후 수업에 참여하도록 함으로써 실험실습 진행 시간을 최소화하되 기존과 동일한 학습효과가 나타날 수 있도록 설계하였다. 두 명의 조교가 실험실습을 진행하고 수업 후 학습자 전원이 각자 실험실습 결과 리포트를 제출하도록 하였다.

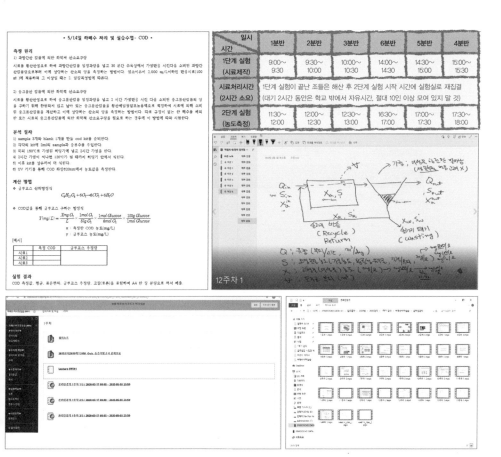

● 출석

비대면 수업의 경우 학습자의 강의영상 시청 기간은 일주일로 설정하였으며, 해당 주차에 업로드된 영상 3개를 모두 시청하면 출석 100% 인정, 2개를 시청하면 50% 인정, 1개 이하 시청 시에는 결석으로 처리하였다. 블랙보드에서는 학습자의 동영상 강의 시청 진도율을 교수자가 실시간으로 확인할 수 있었다. 강의동영상 최소 시청 시간을 설정하여 이 시간 이상으로 시청하는 경우는 P로 표시되고 이하로 시청하는 경우는 F로 표시됨으로써 해당 주차 강의영상을 모두 시청하였는지를 판단할 수 있다. 블랙보드에서 개별 학습자의 강의영상 시청 여부 확인

후 실제 출결은 별도의 전자 출결 시스템에 해당 주차 출석 여부를 수동으로 입력하였다. 대면 실험실습 수업의 경우, 실험실습이 있는 주에는 별도의 비대면 강의 영상을 업로드하지 않았으며, 출결은 실험실습 수업 참여 여부를 체크하되 코로나 증상 의심자 또는 진단검사 중인 학생은 공결로 처리하였다.

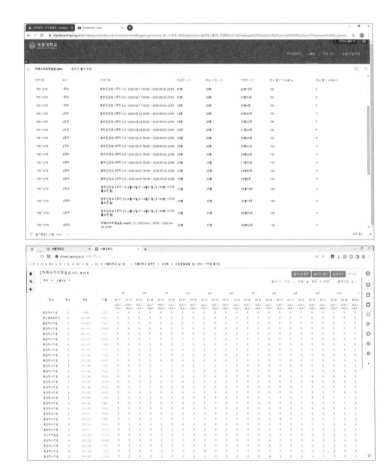

● 과제

　　모든 과목의 과제물은 매주 블랙보드의 해당 주차에 업로드하였고, 학습자는
리포트를 작성한 후 역시 블랙보드에 리포트를 업로드(PDF, 사진, 워드 등)하도록
하였다. 리포트는 제출기한(일주일)이 지나면 미제출로 처리하였으며, 비대면 수업
으로 진행됨에 따라 학습자의 강의내용 이해 정도를 파악하고 강의 집중도를 높
이기 위해 이전 학기에 비해 과제물 양을 2배 늘렸다. 과제물 제출과 관련된 공지
사항은 블랙보드의 공지란을 이용하여 안내하였고, 해당 주차 과제물에 질문사항
이 있는 경우 이메일이나 SNS를 이용하여 질문과 답변이 이루어지도록 하였다.

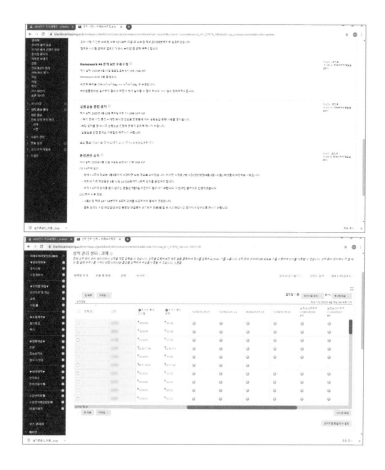

● 시험

2019학년도 1학기와 동일하게 중간고사와 기말고사를 출석시험으로 진행할 예정으로 2020학년도 1학기 강의계획을 수립하였으나, COVID-19로 개강이 연기되고 비대면 수업으로 강의가 진행됨에 따라 중간고사를 시행하지 않았다. 기말고사의 경우는 비대면 온라인으로 블랙보드를 활용하여 시행하였다. 시험일자와 시간을 지정하고 해당일 시험시간에 학습자는 각자 Webex에 접속하여 자신의 상반신, 양손, 사용하는 컴퓨터 또는 노트북 화면이 나오도록 스마트폰 카메라나 웹캠을 설치하도록 하고 시험 시작부터 종료까지 모든 화면을 녹화하였다.

시험 시작과 동시에 블랙보드에 시험지가 오픈되고 답안지는 시험 종료시간 전까지 자신의 답안지를 촬영한 이미지 파일, PDF, 기타 워드 파일을 블랙보드에 업로드하도록 하였다. 시험 종료시간이 세팅되어 있으므로 이 시간 이내에 답안지를 업로드하지 못하는 경우는 미제출로 처리하였다. 부정행위 방지를 위해 시험 시작 30분 전에 사전에 공지된 Webex 미팅방에 접속하도록 하고 신분증 사진과 비교하여 학습자 본인 여부를 체크한 뒤 미팅방을 잠금으로 설정하여 시험시간 중 출입을 금지하였다. 감독관으로 교수를 포함하여 조교 등 총 3명을 배치함으로써 하나의 Webex 미팅방에 최대 25명까지만 입장하도록 하고 Webex에서 보이는 학습자 화면을 통해 부정행위 여부를 감독하였다.

● 강의평가 및 만족도

학습자

기말강의평가: 만족 사항

"어려운 상황에 맞춰 강의에 대한 고민을 하시고 필기에도 신경써 주시고 목소리도 잘 들려서 좋았다."

"강의 목소리가 잡음없이 잘 들려서 좋았고 필기도 잘 보여서 좋았습니다."

"조를 시간별로 나눠 실험을 진행한다는 것 자체가 힘든일이었을 텐데 실험할 수 있어서 좋았다. 조교님들도 넘 수고하셨어요!"

"온라인 강의라서 원하는 시간에 들을 수 있어 좋았습니다."

"온라인 강의를 들으면서 이해가 가지 않는 부분을 다시 돌려볼 수 있어 좋았습니다."

기말강의평가: 불만족 사항

"실습을 많이 못한 것이 아쉽습니다."

"다양한 실습을 많이 하지 못하여 아쉬웠습니다."

"온라인 강의이기 때문에 바로바로 질문할 수 없었던 점이 아쉬웠습니다."

"사이버로 진행하다 보니 수업 동안 의사소통이 원활하지 않아 불편했습니다."

"PPT 화면에 필기하실 때에 버퍼링이 많이 걸려서 이해하기에 어려움이 있었습니다. '이거, 저거'라고 화면을 가리키며 열심히 강의해 주셨는데 녹화된 화면에 나타나지 않았습니다. 제가 강의를 듣는 환경이 좋지 않은가 싶었는데 다른 친구도 동일한 문제를 겪었다고 하니 강의를 녹화하실 때 상황이 좋지 않았던 것은 아닐까 하는 생각이 듭니다."

"온라인 강의이기 때문에 어쩔 수 없이 발생하는 딜레이가 문제였다."

"목소리와 필기가 딜레이되거나 영상자료가 잘 안 보인 경우가 있었지만 처음 하는 온라인 강의인 만큼 이 정도는 감수할 만한 사항이였습니다."

"교수님이 외부동영상을 틀면서 말씀을 하시면 하나도 들리지 않는다. 가끔 영상과 말소리가 맞지 않는 경우가 있었다."

"과제가 상당히 많아서 조금 힘들었습니다."

- 과제, 출석 및 기말고사 성적을 바탕으로 최종 학점을 산출한 결과와 강의평가 내용을 바탕으로 살펴보면, 성적 상위그룹 학생의 경우는 온라인 비대면 수업에 대한 선호도가 높으며 학습효과와 성적도 우수한 것으로 판단된다. 이는 영상 다시 보기 등 복습에 유리하며 전년 대비 2배 이상 과제물 증가로 자가학습량 자체가 증가하였기 때문으로 추측된다.
- 성적 하위그룹 학생의 경우는 최종 성적과 강의평가 내용에 있어서 대면 수업일 때와 큰 차이를 보이지 않았다. 중위권 그룹 학생의 경우는 수업 집중도, 학습내용 전달, 질문과 답변 등 수업 이외 학습활동 효과 측면에서 비대면보다는 대면 수업일 때 학습 성취도가 더 클 것으로 생각한다.
- 대면 수업과 비교하여 질의 및 토론이 잘 이루어지지 못하였으며 실제 학생들 수업 태도(표정, 반응 등)를 볼 수 없어 학습자의 이해 정도 파악이 불가능하였다.

- 학기 초반 강의 동영상 녹화에 익숙지 않은 관계로 화면 딜레이, 음성과 필기 화면의 싱크가 맞지 않는 점, 동영상 녹화 중 학습영상 클립을 플레이할 때 끊김 현상 등 다양한 기술적 문제를 겪었으며 강의 주차가 진행될수록 이러한 문제를 개선해 나갔다.
- 녹화 시 강의 분량을 맞추는 것이 매우 어려웠다. 미리 콘티나 원고를 준비하지 않은 상태에서 대면 수업하듯이 강의를 진행하고 녹화하는 경우 예정 녹화시간(25분)보다 길어지는 경우가 많았다. 비대면 강의의 경우는 핵심적인 내용을 학습자의 이해도를 높이도록 간단명료하게 효과적으로 강의하기 위해서는 대면 강의보다 더욱 큰 노력이 필요함을 느꼈으며, 이는 수업 자료, 내용과 질을 향상시키는 계기가 되었다.
- 영상 녹화 과정에서 평소 수업 진행 태도, 습관 및 강의 방식에 대하여 반추하는 계기가 되었다.

● **에피소드**

- 모든 과목 기말고사를 오픈북으로 시행했고 문항도 어렵지 않게 출제하였는데 최종성적 분포는 예년과 비슷했다. 원인이 뭘까?
- 온라인 기말고사 시행 시 인터넷 연결 끊김 등 많은 민원을 예상했으나 기술적인 문제로 인한 민원은 전무했다!
- 비대면 수업이다 보니 질문도 이메일이나 SNS로 이루어졌는데, 애초에 블랙보드의 질문과 답변 기능을 이용할 것을 학생들에게 권유했지만 잘 이루어지지 않았다. 아마도 공개적으로 질문하는 것을 꺼렸으리라 생각한다. 하지만 이메일과 SNS를 통해 질문을 받아 보니 대면 수업과 비교하여 질문 횟수가 오히려 2배 정도 늘었고, 질문 수준도 상당히 높았다.
- 다만, 학생 개개인과 질문 및 답변을 주고받는 과정에서 다른 수강생들과 이러한 내용을 공유하기가 어려웠다. 다른 수강생들에게도 도움이 되거나 주지할 만한 질문들은 강의 녹화 영상에서 교수자가 소개하고 답변해 주는 방식으로 해결하였다.

● 추천 TIP!

- 노트북 내장 마이크 사용 시 잡음이 심하고 음량 변화가 심하다. 저렴한 핀 마이크만 사용해도 양질의 음성 녹화가 가능!
- 전자펜을 이용한 필기 시 천천히 또박또박 큰 글씨로!
- 필기 내용을 녹화하기 위해 와콤사의 전자 필기판을 사용하였다. 아이패드나 갤럭시탭 등 일반 태블릿 기기보다 훨씬 저렴한 가격으로 구입이 가능하였고, 성능도 강의 내용을 필기하기에 전혀 무리가 없었다. 간단히 USB로 연결한 다음 강의 녹화 시 전자 필기판에 판서하면 그대로 화면에 나타나고 PPT 슬라이드에도 직접 필기가 가능하였다.

5

화학신소재공학

김우재

● 2020학년도 1학기 담당과목 현황

과정	과목명	강의 유형	강의 방식	
			2019-1학기	2020-1학기
학부	반응공학	이론	대면	비대면
학부	화학공학실험 II	이론 + 실험실습	대면	비대면
학부	글로벌여성 엔지니어와 기업가정신	이론	대면	비대면

● 2020학년도 1학기 담당과목별 강의 방식

과목 \ 강의 방식	대면 수업	비대면 수업			
		실시간 화상	사전 녹화	온라인 특강	온라인 현장학습
반응공학		●	●		
화학공학실험 II			●		
글로벌여성 엔지니어와 기업가정신		●	●		

● 2020학년도 1학기 담당과목별 교과목 개요

이화여자대학교 화학신소재공학과에서는 화학공학과 신소재공학에 관련된 기초 및 전문지식 함양을 위한 이론 및 실험실습 교과목을 개설하고 있다. 2020학년도 1학기에는 학부 과정에서 [반응공학](3학년), [화학공학실험 II](3학년)를 개설하였으며, 화학신소재공학과뿐만 아니라 전체 공대 학생이 수강 가능한 [글로벌여성엔지니어와 기업가정신](3~4학년) 과목을 개설하였다. 이론수업으로 진행되는 [반응공학] 과목에서 학습자는 다양한 화학반응에 적합한 반응기 해석 및 설계에 대해 학습하고, 실험수업으로 진행되는 [화학공학실험 II]에서 학습자는 증류탑, 중합반응기, 열 및 물질전달 등 화학공장의 여러 단위 조작 공정에 대해 실험한다. [글로벌여성엔지니어와 기업가정신]에서는 인문, 사회, 공학, 경영 등 다양한 분야에서 글로벌 시대를 이끌어 가는 여성 엔지니어, 벤처기업가, 대기업 CEO를 초빙하여 다양한 경험 및 조언을 세미나 형식으로 진행한다.

● 비대면 수업: 사전녹화 수업(강의실 촬영 + PPT 녹화)

이론 및 실험실습 과목인 [화학공학실험 II] 과목의 이론 강의와 실험실습은 ZOOM을 활용하여 학습자들과의 대화 및 설문조사를 실시하면서 비대면 수업으로 진행하였다. 비대면 수업은 강의실에서 교수자의 강의 장면을 직접 촬영하여 탑재하는 방식과 PPT 화면에 교수자의 음성을 녹화하여 탑재하는 방식을 사용하였다. 1~3주차의 이론 수업은 교수자가 PPT에 음성을 녹화하는 방식으로 각 주제별로 30~70분 분량의 동영상을 제작하여 5개의 동영상을 사이버캠퍼스에 게시하였다. 4~12주차의 비대면 수업은 교수자가 실험을 수행하며 강의 장면을 직접 촬영하는 방식과 PPT에 음성을 녹화하는 방식을 모두 사용하여 진행하였다. 각 주차별로 45분 이상의 영상을 촬영하여 사이버캠퍼스에 게시하였다.

● 비대면 수업: 사전녹화 수업 또는 실시간 화상 수업

　　[글로벌여성엔지니어와 기업가정신] 과목은 엘텍공과대학에 소속된 각 학과
에서 여성엔지니어 리더로 활약하고 있는 선배 CEO나 다양한 분야의 전문가를
초청하여 특강 형식의 비대면 수업으로 진행하였다. 비대면 수업은 강연자의 선
호에 따라 사전녹화 또는 ZOOM을 이용한 실시간 화상 방식으로 진행되었다. 사
전녹화 수업의 경우, 대학 강의실에 설치된 카메라와 프로그램으로 강연자의 강
의 장면을 직접 촬영하였으며, 불가피한 경우 강연자 본인이 직접 강의를 촬영한
뒤 동영상을 전달받았다. 사이버캠퍼스에 동영상과 강연자의 이메일 주소를 함께
게시하여 질문이 있는 학습자들이 강연자들에게 직접 연락할 수 있도록 하였다.
ZOOM을 통한 실시간 화상 수업의 경우, 미리 강연자에게 ZOOM URL 주소를 전달받아 사이버캠퍼스에 공지하고, 학습자들이 강연자의 강의 시간에 맞춰 접속할 수 있도록 하였다. 강연자의 강의가 끝난 후에는 ZOOM의 기능 중 그룹채팅 기능을 활용하여 학습자들이 강연자에게 질문을 남기고 강연자가 질문에 답해 주며 소통할 수 있었다.

● **비대면 수업: 사전녹화 수업**

[반응공학] 과목은 수업 초기 ZOOM을 이용한 실시간 수업과 사전녹화 수업을 모두 한 번씩 진행한 뒤, 학생들과의 실시간 미팅을 통해 학생들이 선호하는 강의 방식을 결정하였고(사전녹화), 이후 전 과정을 사전녹화 방식으로 진행하였다. 중간고사 전과 기말고사 전에 학생들과의 실시간 미팅을 통해 온라인 office hour를 진행하였으며, 기말고사는 온라인 시험으로 실시하였다.

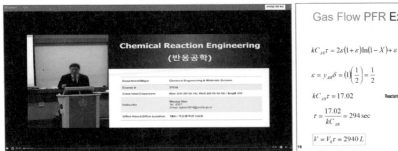 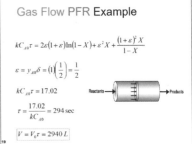

● 출석

비대면 수업으로만 진행된 과목의 경우 사이버캠퍼스에 탑재된 동영상을 해당 기간 동안 학습자가 시청한 경우 출석과 연동되도록 사이버캠퍼스에 설정하여 학습자의 출석, 지각, 결석 여부를 자동으로 처리할 수 있었고, 학습자의 동영상 강의 시청 진도율을 교수자가 확인할 수 있었다.

ZOOM을 통한 실시간 화상 강의로 진행한 경우, ZOOM의 다양한 기능 중 참석자 명단을 활용하여 실시간 화상 강의에 참여하고 있는 학습자들의 출석을 확인할 수 있었다. 참석자 명단을 확인한 후 사이버캠퍼스에 수동으로 출석을 입력하였다.

● 과제

[화학공학실험 II]의 경우 1~3주차 동안 이론 수업을 진행하고, 4~12주차는 이론 수업과 실험 수업을 병행하였다. 5개의 실험을 진행하였고 실험에 대한 이해도를 높이기 위해 각 실험마다 예비 보고서와 결과 보고서를 작성하여 제출하도록 하였다. 정해진 기간 동안 사이버캠퍼스 과제함에 과제물 파일을 제출할 수 있었고, 과제함을 통해 학습자와 피드백을 주고받았다. Q&A를 작성하여 실험 관련 질의응답 내용을 실험 과목의 모든 학습자와 공유하였다.

[글로벌여성엔지니어와 기업가정신]의 경우 1~13주차 수업이 비대면 수업으로 진행됨에 따라 학습자의 강의내용 이해 정도를 파악하고 강의 집중도를 높이기 위해 학습자가 과제물을 제출하거나 Q&A에 참여하도록 안내하였고, 학습자가 해당 기간 동안 사이버캠퍼스 '과제함'에 과제물 파일을 탑재하거나 'Q&A 게시판' 또는 ZOOM '그룹 채팅'에 Q&A를 작성하였다.

[반응공학]의 경우 학습자의 강의내용 이해 정도를 파악하고 강의 집중도를 높이기 위해 학습자가 과제물을 제출하거나 Q&A에 참여하도록 안내하였고, 학습자가 해당기간 동안 사이버캠퍼스 '과제함'에 과제물 파일을 탑재하고 채점하는 방식으로 진행되었다.

● 시험

　　2020학년도 1학기 강의계획서에는 2019학년도 1학기와 동일하게 중간시험
과 기말시험을 출석시험으로 진행한다고 제시하였으나, COVID-19로 개강이 연
기되고 비대면 수업으로 강의가 진행됨에 따라 먼저 중간시험을 과제물로 대체
하였고, 뒤이어 기말시험은 대면+비대면 시험을 혼합하여 오픈북으로 진행하였
다. 강의실에 출석한 학생들은 스크린으로, 집에서 온라인으로 시험 보는 학생들
은 ZOOM으로 시험 문제를 확인한 후 오픈북으로 기말시험에 응시하였다.

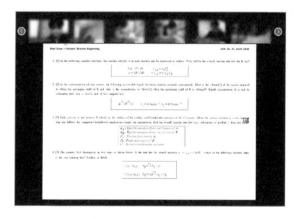

● 강의평가 및 만족도

학습자

중간강의평가: 만족 사항

"실시간강의가 아닌 녹화강의를 올려 주셔서 편하고 수월하게 공부할 수 있었습니다!"

"영어 강의이지만 수업 전에 지난 수업을 한국어로 복습해 주시고 어려운 개념들을 다시 한국어로 설명해 주셔서 이해하는 데 도움이 많이 됩니다. 그리고 한 단원 끝날 때마다 문제풀이도 같이 해 주시는데 이것도 너무 좋아요. 앞으로도 이런 식으로 계속 진행해 주셨으면 좋겠습니다."

"온라인 강의의 질이 좋다고 생각합니다. 그리고 항상 강의를 미리 올려 주셔서 좋습니다. 강의 자료도 내용이 상세하게 적혀 있어서 강의를 시청하는 데 도움이 됩니다."

"수업을 이끌어 가는 방식이 좋다. 특히, 이 부분을 배우는 목적, 과정 등을 잘 설명해 주셔서 전체 과정의 흐름을 알 수 있다. 중간에 한국말로도 정리해 주셔서 더 이해도가 높아진다. 수업시간이 기다려집니다! 앞으로도 이렇게만 해 주세요."

중간강의평가: 불만족 사항

"동영상 출석체크 인정 기간에서 마감 시간을 다 통일해 주시면 안 될까요? 동영상마다 시간이 달라서 헷갈립니다."

"가끔 강의 소리가 작아서 잘 안 들리는 경우가 있습니다. 마이크에서 멀어져서 그런 것인진 잘 모르겠지만 최대 볼륨으로 해도 잘 안 들려서 이 점만 조금 조심해 주시면 정말 감사하겠습니다."

"사이버 캠퍼스 오프라인 출석부에 출석 여부를 체크해서 학생들이 확인할 수 있게 해 주셨으면 좋겠습니다."

기말고사 강의평가: 만족 사항

"실시간 강의가 아니라 녹화강의라서 놓친 부분이나 설명이 더 필요한 부분을 자유롭게 들을 수 있어 더 좋았습니다. 그리고 강의를 볼 수 있는 기간이 거의 3일로 정해져 있어 밀리지 않고 착실히 들을 수 있어서 좋았습니다."

"온라인 수업을 진행해서 걱정이 컸는데, 자세하게 다 설명해 주셔서 더 이해가 잘 되었던 것 같습니다. 그리고 끊어 들을 수 있고, 다시 들을 수도 있어서 집중력도 더 향상되어 얻는 것이 많았던 수업이었습니다. 감사합니다."

"모두 코로나 팬데믹으로 혼란스러울 때, 수업 및 시험 관련 공지도 헷갈리지 않게 잘해 주시고 학생들 의견도 잘 반영해 주셔서 좋았습니다."

"실험과목인데 비대면으로 진행된다 하여서 걱정을 많이 했습니다만, 실험영상을 꼼꼼하게 만들어서 올려 주시고, 무엇보다 실험 보고서 피드백이 빠르고 완벽해서 좋았습니다. 제가 무엇이 부족하고 어떤 부분을 채워야 하는지에 대해 상세히 설명해 주셔서 다음 보고서 작성할 때 큰 도움이 되었습니다. 조교 선생님들 고생 많으셨습니다."

기말고사 강의평가: 불만족 사항

"가끔 강의가 조금 빠른 템포로 진행된다는 느낌을 받았습니다. 아무래도 실시간이 아닌 녹화강의이다 보니 더 그랬던 것 같습니다. 학생들의 반응을 실시간으로 확인할 수 없어서 조금 더 그런 느낌이 있지 않았을까 합니다. 혹시 다음 학기에도 사이버강의가 진행된다면, 가끔 실시간 강의를 진행하는 것도 강의 이해에 도움이 될 것으로 생각합니다."

"PPT에 너무 많은 내용이 담겨 있어 가독성이 다소 떨어지는 상황에서 교수님의 음성만 입힌 동영상을 시청하게 되니 집중력이 다소 떨어지는 단점은 있었습니다."

"시험 때 전자기기 속 강의자료를 보지 못하였는데, 타이핑은 (검색 등) 금지하되 화면을 보는 방법은 허용해 주셨으면 좋겠습니다. 강의자료를 주로 아이패드 등에 저장해서 공부하는 학생들이 많은데 분량이 많아 시험을 위해서 다 종이자료로 인쇄하는 데 다소 부담이 있었습니다."

"교실의 큰 화면(빔프로젝터)으로 볼 때와 집에서 작은 모니터로 볼 때 강의자료의 가독성이 차이가 났던 것 같습니다. 다음에도 온라인으로 수업이 진행된다면, 강의자료 가독성에 조금 더 신경 써 주시면 좋겠습니다."

"실험 시 올려 주셨던 자료에 감사드립니다. 다만, 기기에 대한 설명과 개념이 조금 더 자세히 기술되었으면 좋겠습니다. 아무래도 실제 장비를 보고 만질 수 없다 보니 기기에 대해 이해하기가 다소 어려웠습니다. 데이터 세트도 다양히 주셔서 실제 실험처럼 실험에 오류가 생기거나 하는 경우에 대해서도 접해 볼 수 있는 기회가 주어졌으면 좋겠습니다."

교수자

학기 초반, 강의실에서 비대면 강의가 아닌 대면 강의를 위해 설치된 카메라 및 마이크 등을 활용하여 실시간 및 동영상 녹화 수업을 진행하다 보니 화질, 소리 등이 온라인 송출에 최적화되지 않아 이에 대한 학습자들의 불만이 있었다. 이후 학교에 비대면 강의를 위한 전용공간을 활용하거나, 연구실에 비대면 강의를 위한 장비(고화질 웹캠, 마이크 및 업그레이드된 녹화프로그램 등)를 갖추어 진행한 뒤로는 강의의 화질 및 음성 등에 대한 학습자의 불만은 없었다. 실험수업은 실험을 직접 진행할 경우 학습자가 직접 실험 과정을 관찰하고 연구할 수 있었으나, 실험 과정을 녹화한 동영상을 이용하여 비대면 수업을 진행하는 경우 제한적으로 이해할 수 있다는 우려가 실험 강의 시작 전에 많았다. 이 부분을 고려하여 여러 가지 각도에서 실험 과정을 촬영하여 대면 수업에서 학습자가 관찰 가능한 모든 부분을 영상에 포함시켰고, Q&A를 활성화하여 실험 관련 정보를 많이 제공하였다. 대면 수업으로 진행하는 경우 실험 중 대기시간이 너무 길어 힘들다는 평이 있었는데 비대면 수업에서는 반복 작업, 긴 대기 시간 등을 편집하여 학습자의 시간적 부담을 덜 수 있었다.

개선사항

실험수업의 경우 대면 수업 시 직접 실험을 하는 과정에서 오차가 발생하거나 결과값이 잘못 나오는 과정에서 학습자가 실험에 대해 더 연구하고 이해할 수 있었다. 비대면 강의의 경우 직접 실험을 수행하는 과정에서 발생하는 예측 불가능한 일이 없어 보다 단조로운 강의였을 수 있다. 이에 대한 보완(즉, 다양한 데이터 set—오차 분포가 다양한—를 학습자에게 제공하여 이에 대한 다양한 보고서를 작성하면서 스스로 문제점을 고민해 보는 방법 등)이 필요할 것으로 생각한다.

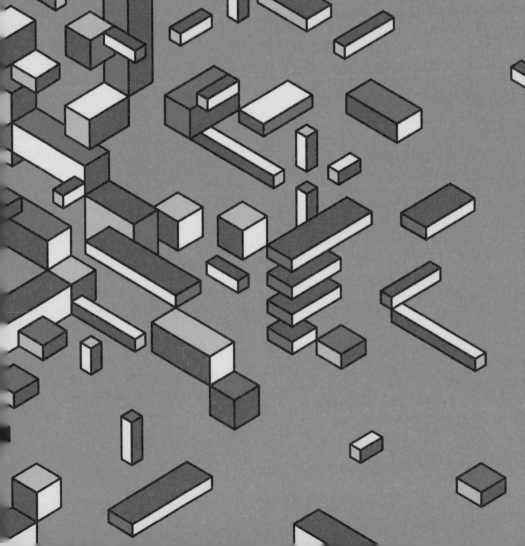

6

건축공학

김재요

● 2020학년도 1학기 담당과목 현황

과정	과목명	강의 유형	강의 방식	
			2019-1학기	2020-1학기
학부	건축구조설계	이론+실험실습	대면	대면+비대면
학부	건축동역학	이론	대면+비대면	비대면
학부	경력개발과취업전략	이론	대면	비대면
대학원	건축구조설계특론	이론		대면

● 2020학년도 1학기 담당과목별 강의 방식

강의 방식 / 과목	대면 수업	비대면 수업			
		실시간 화상	사전 녹화	온라인 특강	온라인 현장학습
건축구조설계	●	●	●		
건축동역학			●		
경력개발과 취업전략			●	●	
건축구조 설계특론	●				

● 2020학년도 1학기 담당과목별 교과목 개요

2020학년도 1학기에 개설된 [건축구조설계], [건축동역학], [경력개발과취업전략]은 광운대학교 건축공학과 학부 과정에 개설된 전공 교과목이다. 4학년에 개설된 전공선택 교과목인 [건축구조설계] 과목은 2~3학년 전공 교과목에서 학습한 구조역학적 기본 이론과 철근콘크리트 및 강구조 단면설계 등에 대한 내용을 바탕으로 건축물의 구조설계에 필요한 하중에 대한 이론 학습과 구조해석/설계 소프트웨어에 대한 실습 학습을 수행하고, 최종적으로 건축물의 구조설계 프로젝트를 직접 수행하는 실습형 교과목이다.

[건축동역학] 과목은 4학년 과정에 개설된 전공선택 교과목으로 건축물에 대한 동역학적 기본 지식을 습득할 수 있는 이론 교과목이다. 2학년 전공 교과목으로 개설된 [구조역학1·2]에서 학습한 정역학 이론과 2학년 교양 교과목으로 개설된 [공학수학1]에서 학습한 미분방정식 등을 바탕으로 지진과 바람이 건축물에 미치는 영향을 분석하기 위한 동역학적 이론을 학습한다.

[경력개발과취업전략]은 3학년 과정에 개설된 전공선택 교과목으로 졸업 후 진로 분야를 탐색하고 취업을 위한 준비 활동에 대해서 특강 형식으로 진행되는 교과목이다. 전반부는 대학의 인재개발원에서 대학 전체 공통 특강으로 진행하고, 후반부는 학과별로 전공 특성을 고려한 자체 특강으로 진행되며, P/NP(Pass/Non-Pass)로 성적이 평가되는 교과목이다.

[건축구조설계특론]은 대학원에 개설된 학·석사연계 교과목으로 건축물의 구조설계를 위한 기술기준인 건축구조기준을 학습하는 전공 분야의 심화 교과목이다. 학·석사연계 교과목으로 개설되어 건축구조 심화학습을 희망하는 학부생의 수강이 가능한 교과목이다.

● 사전녹화 수업 + 실시간 화상 수업 + 대면 수업:
　수업 내용에 적합한 수업 방식에 대한 고민

　　이론+실험실습 과목인 [건축구조설계] 과목은 '이론 교육(25%) + 실습 교육 (25%) + 설계 프로젝트 진행(50%)'으로 운영된다. 기존에는 대면 수업으로 진행되던 교과목이었지만, 2020학년도 1학기는 COVID-19라는 특수한 상황으로 인해 비대면 강의와 대면 강의가 함께 진행되었다.

　　[건축구조설계] 과목의 첫 번째 단계는 이론 교육이다. 건축구조설계의 프로세스, 구조시스템 분류, 설계하중의 산정 등에 대한 이론 교육을 위해, 강의노트를 사전 배포하고, 태블릿 노트북을 이용해 강의노트 및 관련 설명의 필기 화면을 음성과 함께 녹화하는 방식으로 강의 동영상을 제작하였다. 주요 학습 내용에 대해서는 과제를 부여하였고, 과제 수행 결과는 스캔하거나 사진을 찍어 온라인으로 제출하도록 하였으며, 채점 결과와 함께 첨삭지도 내용을 전자파일로 작성하여 수강생에게 제공하였다.

　　이론 교육이 완료되는 시점이 되면 대면 강의가 가능할 것으로 기대하였으나, 비대면 강의 기간은 계속 연장되어 [건축구조설계] 과목의 두 번째 단계인 실습 교육을 위해 온라인 교육을 준비하였다. 대학의 비대면 강의 원칙에 따라 실험실습 교과목의 경우 20명 이하로 분반하여 대면 강의를 진행할 수 있었으나, 물리적 장비나 재료를 활용하는 실습이 아닌, 건축구조해석 소프트웨어를 활용하는 방법을 배우는 실습 교육임을 고려함과 동시에 수강생들의 편의를 고려하고 통학의 불안함을 해소하고자 온라인 강의로 진행하였다. 건축구조해석 소프트웨어를 활용한 온라인 수업을 진행하려다 보니 한 가지 문제점이 발생하였다. 실습에 사용해야 할 소프트웨어는 교육용 버전으로 학교 내에서만 사용할 수 있도록 제한이 되어 있어, 학생들이 집에서 온라인 교육을 통해 해당 소프트웨어를 직접 실행할 수 없는 상황이었다. 따라서 COVID-19로 인한 특수한 상황임을 고려해 주도록 소프트웨어 개발회사에 별도로 요청하여, 수강인원에 맞추어 1학기 기간 동안 학교 밖에서도 사용할 수 있는 버전을 대여받을 수 있었다.

소프트웨어 사용법이 정리된 강의노트를 사전에 제공히고, 강의노트의 순서에 따라 소프트웨어 기능을 하나씩 직접 실행하면서 설명하는 강의 동영상을 화면과 음성을 함께 녹화하여 제작하였다. 수강생들이 강의노트를 참고로 하여 동영상 강의를 들으면서 소프트웨어를 실행할 수 있도록 온라인 강의를 구성하였다. 소프트웨어 기능 및 활용에 대한 설명을 녹화한 동영상은 총 5시간 정도의 분량이었으며, 내용을 구분하여 총 5회로 나누어 제공하였다. 수강생들은 강의노트의 시각적 설명자료와 함께 소프트웨어 기능 하나씩에 대해서 제공된 강의 동영상을 시청하고, 일시 정지한 상태에서 직접 소프트웨어의 해당 기능을 실행하면서 따라할 수 있었다. 또한 직접 실행하는 과정에서 어려움이 있는 부분은 강의 동영상을 반복 재생하는 등의 적극적인 학습을 통해 대면 수업보다 높은 학습효과를 얻을 수 있었다.

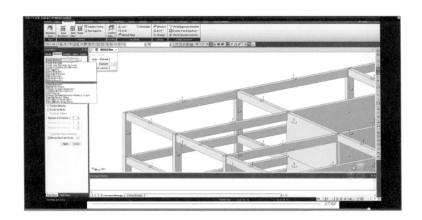

다만, 교수자와 분리된 상황에서 실습이 이루어지기 때문에 발생할 수 있는 문제점이 있었다. 대면 강의에서는 강의 내용에 대해 이해가 되지 않거나 소프트웨어 실습에서 강의 내용대로 기능 실행이 되지 않는 경우, 교수자 혹은 실습에 참여하고 있는 교육 조교의 도움을 받을 수 있었으나, 비대면 수업에서는 불가능하였다. 이를 보완하기 위해 교수자와 교육 조교의 연락처를 공지하고, 소프트웨어 실습 및 프로젝트 수행 과정에서 발생하는 소프트웨어 사용에 관련된 모든 사항은 직접 방문, 전화, 메시지 등의 다양한 수단을 통해 시간에 관계 없이 교수자 또는 교육 조교에게 문의하여 해결할 수 있도록 안내하였다.

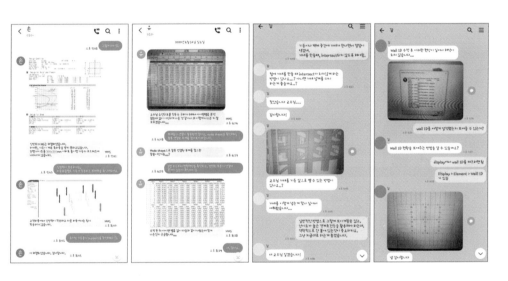

[건축구조설계] 과목의 세 번째 단계는 학습한 건축구조설계 이론 및 소프트웨어를 활용하여 건축물의 구조설계 프로젝트를 수행하는 것이다. 주제를 자유롭게 선정할 수 있으며, 새로운 형태의 건축물을 구상하여 구조설계의 과정을 수행하거나, 기존 건축물 또는 가정된 건축물을 대상으로 대안설계를 수행하여 분석하는 프로젝트로서 매주 프로젝트 진행내용을 PPT로 정리하여 발표하고, 교수자는 발표자와 프로젝트 진행 내용과 방향에 대하여 토의하는 방식으로 진행된다.

설계 프로젝트는 총 7주 동안 진행되었으며, 첫 번째 주의 프로젝드 계획서 발표와 두 번째 주의 프로젝트 초기 진행은 ZOOM을 활용한 실시간 화상 강의로 진행되었다. 사전 공지된 방식에 따라 수강생들은 정해진 강의 시간에 ZOOM 강의실에 접속하고, 학생들이 미리 제출한 PPT 파일을 화면으로 공유하면서 발표한 후에 교수자-학생 간의 질의응답과 토의가 이루어지는 방식으로 진행되었다. 또한 혹시 발생할지 모르는 네트워크 문제로 인한 접속 불량에 대비하고, 비대면으로 인해 수강생들과 충분한 이해와 교감을 확인하지 못하고 진행된 부분들에 대해 수강생들이 반복 학습할 수 있도록 녹화된 전체 내용은 LMS에 업로드하였다.

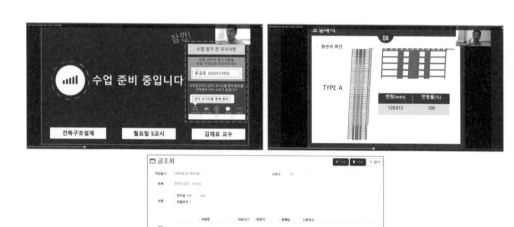

수강생들이 본인의 발표에만 집중하고, 타 수강생들의 발표와 토의 내용에 대한 집중 및 참여가 매우 떨어지는 것으로 확인되었고, 프로젝트 진행을 위한 토의방식 수업에서 화상 강의의 적절성에 대한 부정적인 판단이 들어 세 번째 주차부터 마지막 강의까지는 실시간 화상 강의 대신 대면 강의로 진행하였다. 이는 전체 수강생들이 온라인상에서 집중할 수 있는 방식에 대한 충분한 고민 없이 대면 강의에서 진행해 오던 방식을 그대로 적용하였기 때문에 발생한 문제였던 것으

로 판단된다. 따라서 실시간 화상 강의에서 전체 수강생들의 집중도와 참여도를 높일 수 있는 강의 방식에 대한 고민이 지속적으로 필요할 것이다.

● 사전녹화 강의: 100% 온라인 강의를 통한 효과적인 학습에 대한 고민

이론 과목인 [건축동역학] 과목은 2019학년도까지 '온라인(70%) + 오프라인(30%)'의 블렌디드 러닝으로 진행되어 왔던 교과목이었으나, 2020학년도 1학기에는 100% 온라인 강의로 진행되었다. 수강생 20명 미만의 교과목이었기 때문에 대학의 비대면 강의 원칙에 따라 철저한 방역 조치를 취한다면 대면 강의가 가능한 상황이었다. 그러나 특별히 불가피한 사유가 없다면 수강생들의 입장을 고려하여 비대면 강의를 진행하고자 하는 교수자의 개인적인 원칙에 따라 비대면 강의로 진행하였다.

주차	회차 및 평가	제목	시작일	종료일	인정시간	강의보기
1	주차	강의 소개 / 지진의 이해			162/150	
1	1회차	강의 소개	2020-03-18 00:00	2020-04-15 23:59	19	동영상보기
1	2회차	지진의 이해	2020-03-18 00:00	2020-04-15 23:59	63	동영상보기
1	과제	과제 1 - 지진의 규모와 진도의 차이	2020-03-18 00:00	2020-04-15 23:59	50	
1	학습관리	자료 - 지진의 이해	2020-03-18 00:00	2020-04-15 23:59	30	
2	주차	미분방정식의 이해			166/150	
2	1회차	미분방정식(1)	2020-03-25 00:00	2020-04-22 23:59	46	동영상보기
2	2회차	미분방정식(2)	2020-03-25 00:00	2020-04-22 23:59	40	동영상보기
2	과제	과제 2 - 미분방정식	2020-03-25 00:00	2020-04-22 23:59	50	
2	학습관리	자료 - 미분방정식 기초	2020-03-25 00:00	2020-04-22 23:59	30	
3	주차	1.1 단자유도계 구조물의 반응-서론			163/150	
3	1회차	1.1 단자유도계 구조물의 반응-서론(1)	2020-04-01 00:00	2020-04-28 23:59	46	동영상보기
3	2회차	1.1 단자유도계 구조물의 반응-서론(2)	2020-04-01 00:00	2020-04-28 23:59	37	동영상보기
3	과제	과제 3	2020-04-01 00:00	2020-04-15 23:59	50	
3	학습관리	1.1 단자유도계 구조물의 반응-서론	2020-04-01 00:00	2020-04-28 23:59	30	
4	주차	1.2 구조물의 자유진동			170/150	
4	1회차	1.2.1 비감쇠구조물	2020-04-08 00:00	2020-04-28 23:59	52	동영상보기
4	2회차	1.2.2 감쇠구조물	2020-04-08 00:00	2020-04-28 23:59	38	동영상보기
4	과제	과제 4	2020-04-08 00:00	2020-04-21 23:59	50	
4	학습관리	1.2 구조물의 자유진동	2020-04-08 00:00	2020-04-28 23:59	30	
5	주차	1.3 조화하중에 의한 반응			190/150	
5	1회차	1.3.1 비감쇠 구조물	2020-04-15 00:00	2020-04-28 23:59	55	동영상보기

주차	회차 및 평가	제목	시작일	종료일	인정시간	강의보기
11	학습관리	3.1 / 3.2 다자유도계 구조물의 반응	2020-05-27 00:00	2020-06-09 23:59	30	
12	주차	3.2 / 3.3 고유치 문제			152/150	
12	1회차	3.2 고유치문제(3)	2020-06-03 00:00	2020-06-16 23:59	42	동영상보기
12	2회차	3.3 모드의 직교성	2020-06-03 00:00	2020-06-16 23:59	35	동영상보기
12	과제	과제 12	2020-06-03 00:00	2020-06-16 23:59	45	
12	학습관리	3.3 모드의 직교성	2020-06-03 00:00	2020-06-16 23:59	30	
13	주차	진동제어의 이해			182/150	
13	1회차	진동제어의 이해 (1)	2020-06-10 00:00	2020-06-23 23:59	39	동영상보기
13	2회차	진동제어의 이해 (2)	2020-06-10 00:00	2020-06-23 23:59	39	동영상보기
13	과제	과제 13	2020-06-10 00:00	2020-06-23 23:59	45	
13	학습관리	진동제어의 이해 (1)	2020-06-10 00:00	2020-06-23 23:59	30	
14	주차	진동제어/내진설계			180/150	
14	1회차	진동제어의 이해 (3)	2020-06-14 00:00	2020-06-24 23:59	43	동영상보기
14	2회차	건축구조기준의 내진설계	2020-06-14 00:00	2020-06-24 23:59	47	동영상보기
14	과제	과제 14	2020-06-14 00:00	2020-06-24 23:59	60	
14	학습관리	건축물 내진설계기준	2020-06-14 00:00	2020-06-24 23:59	30	
15	주차	풍하중			166/150	
15	1회차	건축구조기준의 풍하중(1)	2020-06-15 00:00	2020-06-24 23:59	42	동영상보기
15	2회차	건축구조기준의 풍하중(2)	2020-06-15 00:00	2020-06-24 23:59	44	동영상보기
15	과제	과제 15	2020-06-15 00:00	2020-06-24 23:59	30	
15	학습관리	건축구조기준의 풍하중	2020-06-15 00:00	2020-06-23 23:59	30	
15	강의	풍하중 기초	2020-06-15 00:00	2020-06-24 23:59	20	

건축물을 대상으로 하는 동역학적 기초 이론에 대한 교육 내용을 태블릿과 노트북을 활용한 강의노트 및 관련 설명 필기의 화면과 음성을 녹화하는 방식으로 강의 동영상을 제작하였다. 사전녹화된 강의는 실제 강의일을 시작으로 2주 동안을 학습 시간으로 설정하였다. 설정된 학습 기간에 강의 동영상을 모두 시청한 경우 출석으로 인정되며, 학습 기간이 지나더라도 강의 동영상을 언제든지 시청할 수 있었다. 온라인 강의 수강에 익숙하지 않은 상황에서 대학의 전체 교과목들이 온라인으로 진행되는 혼란한 상황을 고려하여, 학기 초에는 학습기간을 4주 정도로 여유 있게 설정하였으며, 성적 처리 등으로 일정이 촉박한 학기 말에는 학습 기간을 10일 정도로 축소하여 운영하였다.

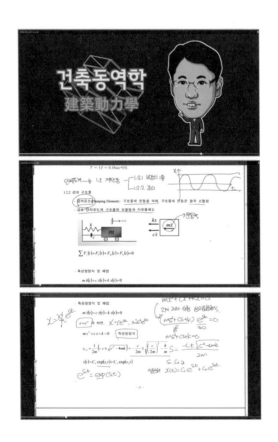

　　전체 강의가 온라인으로 진행됨에 따라 수강생들이 학습내용을 충분히 이해하였는지를 파악하기 위하여 매주 강의내용과 관련된 과제를 부여하였다. 과제의 형태는 서술형 문제, 계산형 문제, 사례 조사, O/X 문제 등 다양한 형태로 구성하였으며, 강의 동영상에서 설명되는 내용을 다수 포함하였다. 일부 과제 내용은 매우 까다롭고, 많은 시간이 걸린다는 수강생들의 의견을 확인하였으며, 개인별로 각 과제의 부족한 부분을 모두 정리하여 채점 결과와 함께 매주 수강생들에게 피드백하였다. 온라인 강의로 인해 부족할 수 있는 내용의 경우, 과제를 이전보다 적극적으로 활용함으로써 학습효과를 높일 수 있도록 하였다. 대부분의 수강생이 충실하게 과제를 수행하여 시험을 시행하지 않고 출석과 과제평가 결과로만 성적을 평가하였다. 2020학년도 1학기에는 COVID-19라는 특수한 상황으로 인해 대학 차원에서 절대평가를 원칙으로 하였기 때문에 과제만으로 성적 평가를 할 수 있었지만, 상대평가를 해야 하는 상황에 대비하여 온라인 시험을 객관적이고 공정하게 진행할 수 있는 방법에 대한 다양한 사례 공유 및 고민이 필요할 것이다.

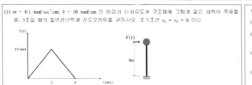

(1) 동역학에서 건축물을 단순구조로 가정하는 이유와 방법에 대해서 간단히 설명하시오.

(2) 다음 진동 모델에 대하여 질량과 고유주기의 관계를 각각 설명하시오.
 ① 질량-스프링 모델
 ② 진자 모델

(1) $m = 0.1$ tonf sec²/cm, $k = 10$ tonf/cm 인 비감쇠 단자유도계 구조체에 그림과 같은 외력이 작용할 때, 5초일 때의 밑면전단력과 전도모멘트를 구하시오. 초기조건 $x_0 = v_0 = 0$ 이다.

(1) 국내에 제진 장치 또는 면진 장치가 적용된 사례를 조사하여 정리하시오. (A4용지 1페이지 이상)

※ 각 문장별로 O, X를 표시하시오.

(1) 설계속도값은 장기값도와 설계풍속의 제곱을 곱하여 산정한다. (   )

(2) 어느 정도 이상의 높이에 도달하면 지표의 마찰에 의한 영향이 미치지 않으므로 일정한 풍속을 가지게 되는데, 이 높이를 경도풍높이라고 한다. (   )

(3) 기본풍속은 지표면조도 구분 C인 지역의 지표면으로부터 10m 높이에서 측정한 10분간 평균풍속에 대한 재현기간 10년 기대값이다. (   )

(4) 서울의 기본풍속은 30m/s이다. (   )

● 특강 강의: 비대면 강의로 인해 교과목의 고유 특성과 장점을 살리지 못한 아쉬움

[경력개발과취업전략]은 대학 차원에서 운영하는 교과목 기반 취업지원 프로그램으로 전공학점을 인정받을 수 있다. [경력개발과취업전략] 과목은 광운대학교의 전체 학과에 모두 개설되어 있으며, 학과 자체적인 판단과 운영 목적에 따라 개설 학기가 다른데, 건축공학과에서는 3학년 1학기에 개설한다.

6주간의 공통 특강은 대학의 인재개발원에서 운영하며, 이 기간에는 여러 학과를 한 단위로 묶어서 외부 전문가를 초청한 취업 특강으로 진행한다. 나머지 기간은 학과에서 자체적으로 운영하며, 학과에서 진행하는 특강의 강사료는 대학에서 지원한다. 건축공학과에서는 학과 자체 프로그램으로 6주 동안의 졸업생 초청 특강을 진행하여 왔는데, 전년도 취업생들을 다수 포함한 광운대 건축공학과 졸업생 12명을 매주 2명씩 초청하고, 졸업생 1명이 1시간의 자유특강을 진행하였다. 재학생들의 취업 선호도가 높은 분야에 취업한 졸업생의 노하우 공유, 일반적으로 취업 대상으로 고려하지 않았지만 전공 관련 분야에 취업한 졸업생의 취업 분야 소개 등을 위주로 졸업생 특강을 진행하였다. 교과목 담당교수는 직접 강의를 하지 않고, 강의 오리엔테이션과 과제 부여 및 평가, 특강의 기획 및 진행의 역할을 수행한다.

2020학년도 1학기에는 학생들의 호응도와 관심이 높았던 졸업생 초청 특강을 운영하지 못함으로써 수강생들의 아쉬움이 컸다. 개강과 함께 1주차 강의 오리엔테이션은 사전녹화된 동영상 강의로 진행되었으며, 학과의 최근 취업현황에 대한 분석을 함께 녹화하여 제공하였다. 2주차부터는 기존에 진행되어 왔던 공통특강 내용을 인재개발원 차원에서 녹화하여 동영상 콘텐츠를 각 학과에 제공하는 방식으로 진행되었다. 9주차부터 진행하기로 했던 학과 자체 특강의 경우, 계속되는 대학의 비대면 강의 기간 연장으로 인해 특강 일정 계획 및 특강 강사 섭외를 진행하지 못하고 있었으며, 5~6주차에 접어들면서 각 학과 [경력개발과취업전략] 과목 담당교수들의 의견을 수렴하여 1학기 전체에 대한 온라인 특강 콘텐츠를 인재개발원에서 제작하여 학과에 제공하는 것으로 교과목 운영계획이 변경되었다.

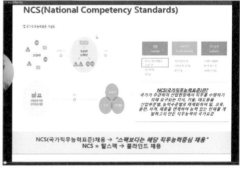

대학에서 제공한 특강 동영상 콘텐츠와는 별도로 학과 자체적으로 특강을 진행하는 경우, 대학에서 강사료를 지원받을 수 있다. 특강 내용의 고유 특성으로 인해 강사-수강생 간의 상호작용이 필수적이므로 ZOOM을 활용한 실시간 강의를 진행하고자 여러 졸업생에게 특강을 제안하였다. 그러나 ZOOM 실시간 강의에 대한 졸업생들의 낯섦과 어려움으로 인해 특강 강사를 섭외하지 못하여 이번 학기에는 진행하지 못하였다. 이를 대신하여 수강생들이 4학년이 되는 2021학년도 1학기의 [경력개발과취업전략] 과목의 학과 자체 특강은 오픈 수업으로 운영

할 예정이며, 전체 일정과 특강 강사 및 주제를 사전에 공지하여 수강생이 아니더라도 관심 있는 주제나 분야에 대해 자유롭게 참여할 수 있도록 할 예정이다. 이와 관련된 내용을 강의 마지막에 수강생들에게 안내하였으며, 내년에 적극적으로 참여하도록 홍보하였다.

● 출석

사전녹화된 동영상 강의를 각 주차에 맞추어 업로드할 때 두 가지 설정이 필요하다. 학습 기간 설정과 출석인정 기준(주로 동영상 강의 시청 시간) 설정이며, 학습 기간 내에 출석인정 기준을 만족하면 LMS의 출석 시스템과 자동 연동되어 출석으로 기록된다. 학습자의 각 주차별 동영상 강의 시청 진도율 및 출석 여부를 교수자가 실시간으로 확인할 수 있었다. 대면 수업과 비대면 수업이 함께 진행된 과목의 경우 대면 수업과 실시간 화상 수업 시 출석을 확인한 후 LMS에 직접 입력하였다.

● 과제

사전녹화된 동영상 강의로 진행되는 학습 내용에 대해서는 과제를 통해 학습 결과를 반드시 확인하고자 하였다. 특히, 100% 온라인 동영상 강의로만 진행되는 교과목의 경우 매주 학습 내용과 관련된 과제가 부여되었다. 모든 과제는 LMS의 과제 시스템을 통해서 수강생들에게 안내되고, 수강생들도 이 시스템을 통하여 과제를 제출하도록 하였다. 과제 중 계산 풀이 과정이 요구되는 경우 등을 위해, 문서 파일뿐만 아니라 필기로 작성한 과제를 스캔하거나 사진을 찍어 제출할 수 있도록 수강생들의 자유도를 높여 주었다.

제출된 모든 과제는 과제 시스템을 통해 점수를 입력하였으며, 각 문항별 부족 사항도 피드백하였다. 일부 문제의 경우 제출한 과제 파일에 첨삭지도 내용을 작성하여 수강생에게 제공하였다.

● 시험 및 성적

2020학년도 1학기 강의계획서에는 [건축구조설계] 과목은 중간시험을 시행하고, [건축동역학] 과목은 3회의 시험을 시행하는 것으로 안내되었으나, 두 과목 모두 시험을 시행하지 않았다. [건축구조설계] 과목의 경우 이론 및 실습 교육 내용은 과제를 통해서, 프로젝트 수행 결과는 최종 발표를 통해서 평가를 진행하였고, [건축동역학] 과목은 매주 제출된 과제의 평가를 통해 성적을 산출하였다.

시험 없이 과제만으로 성적이 산출되므로 합리적인 성적 부여와 수강생들의 공감대 형성을 위해 출결 결과, 과제 채점 결과, 프로젝트 최종 평가 결과 등의 성적 산출 세부 내용을 모두 공개하였다. LMS의 공지 게시판을 활용하여 학번과 성명을 비공개한 상태에서 전체 수강생들의 성적 산출을 위한 모든 평가 결과를 공개함으로써 자신의 점수가 제대로 반영되었는지뿐만 아니라 전체 수강생 중에서 자신의 성적이 어느 정도의 위치인지를 파악할 수 있도록 하였다. 과제 평가 결과가 잘못 반영되었거나, 평가 결과에 이의가 있는 경우 정해진 시간 안에 교수자에게 문의를 하도록 하였으며, 이를 통해 일부 평가 결과의 반영 오류를 수정하였다. 최종 확정된 평가 결과를 바탕으로 성적이 부여되었으며, 성적 공개 및 이의 신청 기간을 거쳐 최종 성적이 확정되었다.

출석	결석	과제					점수			환산점수			총점
		4/12 (100)	4/19 (100)	4/26 (50)	5/3 (50)	5/17 (100)	출석 (100)	과제 (100)	프로젝트 (100)	출석 (20)	과제 (30)	프로젝트 (50)	
15	0	100	53	20	20	85	100	69.5	100	20	20.9	50.0	90.9
15	0	100	68	45	42	50	100	76.3	90	20	22.9	45.0	87.9
15	0	100	63	50	45	70	100	62.0	80	20	24.6	40.0	84.6
15	0	100	68	45	42	65	100	80.0	80	20	24.0	40.0	84.0
15	0	100	47	25	42	50	100	66.0	70	20	19.8	35.0	74.8
15	0	100	68	45	37	30	100	70.0	60	20	21.0	30.0	71.0
15	0	90	25	10	25	95	100	61.3	65	20	18.4	32.5	70.9
15	0	100	59	50	28	40	100	69.3	60	20	20.8	30.0	70.8
15	0	30	70	35	15	95	100	61.3	45	20	18.4	22.5	60.9
15	0	50	77	25	23	10	100	46.3	30	20	13.9	15.0	48.9
3	12						0	0	0	0	0	0	0

● 중간강의평가 및 개선사항

학습자

중간강의평가: 만족 사항

"해당 과목에 대해 상세하게 설명해 주셔서 좋았습니다."
"강의를 듣고 과제를 제출하는 방식이 체계적으로 공부할 수 있어 좋았습니다."
"사이버 강의인데 지루하지 않고 열심히 해 주셔서 감사합니다."
"온라인 강의로 진행되어 아쉽지만, 유익한 내용의 강의인 것 같습니다."

중간강의평가: 불만족 사항

"과제 풀이도 올려 주시면 좋을 것 같습니다."
"현직자 분들이 와서 이야기해 주시는 것을 ZOOM을 이용해서 실시했으면 좋겠습니다."

개선사항

- 과제 내용의 특성에 따라 모든 내용에 대해서 과제풀이를 제공하는 것은 불가능하였다. 이를 보완하기 위하여 모든 과제마다 개인별로 부족한 내용을 구체적으로 피드백하였으며, 일부 과제의 경우 첨삭한 내용을 전자 파일로 제공하였다.
- [경력개발과취업전략] 과목의 경우 졸업생 특강을 ZOOM을 이용하여 진행하고자 여러 졸업생과 접촉하였으나, 이제 온라인 강의에 많이 익숙해진 교수들과는 달리 졸업생들은 실시간 화상 강의에 대한 낯섦과 어려움을 이유로 모두 고사하였다. 이번 학기는 성사되지 못하였지만, 향후 해외 건설현장에 근무 중인 졸업생의 특강 등에 활용할 수 있는 좋은 교육도구로 이용하고자 한다.

학습자

건축구조설계 기말강의평가: 만족 사항

"코로나로 인해 인터넷 강의를 통하여 본 강의의 내용을 알 수 있었으나 마이다스를 이용한 프로젝트를 이행함에 있어서 부득이하게 대면 수업을 하였고, 지속적인 온도 체크와 개개인의 위생을 챙긴 덕에 무사히 한 학기를 마칠 수 있었습니다. 이렇게 해 주신 교수님께 감사하단 말 전하고 싶습니다."

"학생들이 질문하거나 물어볼 때마다 친절히 알려 주셨습니다."

"실무에서 사용되는 소프트웨어를 활용한 프로젝트를 진행함으로써 많은 것을 배우고 느낄 수 있었습니다."

건축구조설계 기말강의평가: 불만족 사항

"COVID-19 사태 때문에 1인 1조 형식으로 진행하였는데, 너무 버거웠습니다. 마이다스 돌리는 시간을 분담할 수 없어 하나씩밖에 진행하지 못했던 것이 가장 시간이 많이 걸렸던 요인이지 않았을까 싶습니다."

건축동역학 기말강의평가: 만족 사항

"지루하지 않은 수업과 수업내용을 충분히 숙지했는지 테스트할 수 있는 적절한 과제가 매주 있어서 유익한 수업이었습니다."

"교수님께서 학생들과 소통하려는 모습이 너무 좋았습니다."

"다음 강의도 미리미리 올려 주시고 과제도 명확하게 올려 주셔서 온라인으로 하기 편했습니다."

"코로나로 인해 인터넷 강의를 통하여 강의를 진행했는데, 대면 수업과 비교하였을 때 수업 내용 자체의 질이 전혀 뒤떨어지지 않았다고 생각합니다."

건축동역학 기말강의평가: 불만족 사항

"항상 좋은 강의 들려주셔서 감사합니다. 많이 배우고 갑니다. 다음부터는 과제에 대한 풀이도 올려 주시면 좋을 것 같습니다."

"강의에서 풀어 주시는 예제문제들과 과제로 주어지는 문제가 너무 달라서 아쉬웠습니다. 과제와 비슷한 문제도 강의에서 다뤄 주셨으면 좋겠습니다."

경력개발과취업전략 기말강의평가: 만족 사항

"진로에 대해 다시 한번 생각해 볼 수 있는 기회가 되어 좋았습니다."

"온라인 강의임에도 불구하고 확실한 강의 스케줄과 공지로 다른 강의에 비해 혼란이 없었습니다."

"코로나로 인해 비대면 강의로 진행되었지만, 강의 열심히 준비해 주셔서 감사합니다."

경력개발과취업전략 기말강의평가: 불만족 사항

"콘텐츠별로 강의가 잘 구성되어서 좋았는데 앞으로 일하게 될 우리 학생들이 동종업계에서 학과 선배님들로부터 조언이나 궁금증을 받지 못하여서 아쉬웠습니다."

"비대면 수업이라 아쉬운 게 너무 많은 과목 중에 하나였습니다."

"학과 선배의 경험을 듣고 싶었는데 그러지 못해서 아쉽습니다."

"이런 시기에 어쩔 수 없지만 비대면 수업으로 즉흥적인 질문을 못하는 부분들이 아쉬웠습니다. 다음 학기에는 대면 수업이 이루어졌으면 좋겠습니다."

- 비대면 수업을 진행하다 보니 대면 수업을 통해서 진행할 수 있었던 내용을 진행하지 못한 학생들의 아쉬움이 많았으며, 이를 온라인 강의를 통해 적절히 보완할 수 있는 방법이 필요하다.

- [건축구조설계]에서 건축물의 구조설계에 대한 프로젝트를 진행하면서 학생들 간의 접촉을 최소화하고자 기존의 팀 기반의 활동에서 개인 활동으로 변경하여 적용하였다. 그러나 개인별로 프로젝트를 진행하다 보니 프로젝트 성과물의 질적 하락 및 학생들의 부담이 증가하였다. 만약 2020학년도 1학기의 상황이 반복된다면 개인 활동에 맞도록 프로젝트의 목표 및 범위를 조정하거나, 팀 프로젝트를 계속 유지하면서 비대면으로 팀 활동을 진행할 수 있는 방법을 제시하는 것이 필요하다.

- [건축동역학]의 경우 시험을 대체하기 위한 과제를 매주 부여하였기 때문에, 기존의 과제와는 유형과 내용이 다를 수밖에 없었다. 기존의 과제는 강의 시간에 학습한 내용과 관련된 예제나 연습문제의 풀이 수준이었으나, 2020학년도 1학기의 과제는 시험 문제 수준의 난이도와 응용력을 요구하였다. 대부분은 이러한 의도를 명확히 파악하지 못한 과제와 관련된 의견이었으나, 차기 강의에서는 과제에 대한 풀이 시간을 갖도록 하며 정기적인 실시간 온라인 수업을 병행하여 강의내용 및 과제 등에 대한 질의응답을 진행함으로써 학습에서의 부족한 부분을 보완할 예정이다.

- [경력개발과취업전략]은 전략적 취업 교과목으로서 학과에서 진행하여 오던 고유의 장점을 살리지 못했던 점에 대해서 교수자와 학습자 모두 아쉬움이 컸었던 학기였다. 만약 다시 비대면 강의로 진행해야 하는 상황이라면 졸업생에 의한 실시간 온라인 특강을 미리 준비하고, 졸업생 특강에 대한 의존도를 낮추며 전공에 부합하는 학과 자체적인 취업 지원 프로그램을 개발하여 적용함으로써 학생들의 요청사항을 반영할 예정이다.

- 2020학년도 1학기 강의의 모든 이론 교육은 강의 일정에 맞추어 온라인 동영상으로 진행되었다. 강의노트를 노트북 화면에 띄우고 화면에 직접 필기하는 방식으로 강의 동영상을 제작하였는데, 강의노트에는 결과만 간략히 정리된 상태에서 그 결과를 도출하기 위하여 복잡한 계산이 필요한 경우, 노트북이라는 작은 필기 공간에서 풀이 과정을 진행하다 보니 계산 실수가 발생하는 경우도 있었다. 실수를 그대로 녹화할 수는 없었고, 녹화를 일시중지한 채로 실수를 찾아서 그 이후에 필기된 내용을 지우고 다시 녹화를 진행하였다. 그 내용은 동영상 녹화 완료 후 동영상 편집기의 '잘라내기'와 '붙여넣기'를 이용해 자연스러운 진행으로 편집하였다. 동영상 녹화 과정에서 발생하는 다양한 돌발 상황들—녹화 중 전화가 오거나 방문자가 있을 때, 실수로 엉뚱한 버튼이 눌러져 녹화가 중단되는 경우 등—을 자연스럽게 편집하다 보니 동영상 편집 기술의 큰 발전이 있었다. 다음 학기에도 동영상 강의 녹화를 계속해야 한다면 다양한 편집기술을 익혀 볼 계획이다.
- 소프트웨어 실습 교육을 동영상 강의로 대체하여 수강생 혼자서 실습을 진행하다 보니 여러 문제 상황을 해결하기 위해 언제 어디서나 질문할 수 있도록 수강생들에게 안내하였다. 노트북을 들고 연구실로 찾아오거나, 이메일로 파일을 보내 검토를 요청하거나, 컴퓨터 화면의 사진을 찍어 문자 메시지를 보내는 학생 등 각자 편리한 방식으로 늦은 밤까지 시도 때도 없이 질문이 쏟아졌다. 그러던 어느 날, 대학의 다른 학과 교수님들과 식사를 하면서 이야기를 나누던 중 한 수강생이 소프트웨어의 기능과 관련한 질문을 휴대전화 문자 메시지로 보내 왔고, 그에 대한 답변을 하면서 여러 차례 문자가 오고 갔다. 마주 보고 앉아 계시던 다른 교수님께서는 휴대폰을 계속 들여다보는 나에게 다소 불쾌함을 표시하셨다. 프로젝트 진행을 하

지 못한 채 기다리고 있을 학생을 위해 바로 답변을 해 주어야 한다는 생각으로 최선을 다하던 상황임을 설명을 드리면서 문자를 보여 드리니, "일과 시간이 끝난 늦은 시간에도 학생들 질문을 받아 주어야 하는 건가?"라는 말씀과 함께 '예의 없는 사람'에서 '학생을 생각하는 좋은 교육자'로 내 이미지를 바로 바꾸어 주셨다.

● 추천 TIP!

● 온라인 강의에서 가장 걱정스러운 점은 동영상 강의를 학생들이 충실히 시청할 것인가, 강의 내용을 학생들이 잘 이해하고 넘어가는가 등에 대한 점이다. 물론, 대면 강의라고 해서 해결되는 문제는 아니지만, 수강생이 교수자의 눈에 보이지 않는 상황에서 걱정의 정도는 더욱 컸다. 2020학년도 1학기에는 시행하지 못하였지만, 매년 이러한 걱정을 조금이나마 해소하기 위한 방법이 하나 있었다. [건축동역학] 과목은 3주 온라인 동영상 강의가 진행되고 1주 대면 강의가 진행되는 방식이며, 대면 강의 시간에는 동영상 강의 내용에 대한 질의응답과 보충설명, 그리고 교재 외의 추가적인 보충자료를 통한 강의로 진행된다. 그러나 그 전에 반드시 지난 3주간의 온라인 동영상 강의 내용에 대한 시험을 치르면서 대면 강의를 시작한다. 어렵고 복잡한 시험은 아니며, 1시간 내로 진행할 수 있고 온라인 강의 동영상 내용을 이해하고 있는지만을 평가하는 퀴즈 수준의 시험이다. 온라인 동영상 강의 내용을 충분히 이해하고 습득하였는지를 확인함과 동시에 오프라인에서 진행되는 질의응답 및 보충설명의 효과를 높일 수 있다.

● 비대면 강의는 학생들과의 커뮤니케이션이 가장 중요하다고 느꼈다. 정확히 말하면, 자연스럽게 수강생들과 커뮤니케이션이 이루어지는 대면 강의와 달리 비대면 강의에서는 수강생들과의 커뮤니케이션을 의도적으로 만들어야 하며, 학생들이 의견을 제시할 수 있는 수단을 다양하게 열어 놓을 필요가 있다. 학생들의 반응을 실시간으로 확인할 수 있는 대면 강의와 달리 비대면 강의는 학생들의 반응과 학습 진행의 적절성을 즉시 파악할 수 없기 때문에 교수자로서도 답답한 상황이며, 마찬가지로 학습자의 입장에서도 교수자의 의도를 정확히 파악할 수 없고, 질의응답이 어려워 학습 효과의 저하도 발생한다. 특히, 2020학년도 1학기는 갑작스럽게 전체 강의가 비대면 강의로 전환되고, 비대면 강의 기간이 여러 차례 연장됨으로써 학생들은 학습에 대한 계획을 수립하기가 어렵고 혼란스러운 상황이었다. 따라서 학생들에게 현재 진행 상황을 알리고 강의 운영계획을 미리 공지하는 등의 커뮤니케이션 노력이 더욱 필요하였다. 온라인 동영상 강의의 학습 기간을 미리 안내하고, 변경이 발생하는 경우 수시로 공지하였으며, 특정 방법을 지정하지 않고 학생들이 개인적으로 편한 어떠한 방법으로도 질문이 가능함을 미리 안내함으로써 학생들로 하여금 질문에 대한 부담이 생기지 않도록 하였던 것도 좋은 효과를 가져왔다.

Part 3.

원격대학의 티칭 라이프

'7

한국방송통신
대학교

손경우

● 우리나라 최초의 국립 4년제 원격대학

한국방송통신대학교는 1972년에 설립된 우리나라 최초이자 유일한 국립 4년제 원격대학이다. 방송대의 학위 과정은 학부 과정과 대학원 과정, 프라임칼리지 '선취업·후진학' 학사학위 과정으로 구분되며, 과정별로 차별화된 강의, 평가, 특강 등 다양한 교육 서비스를 제공하고 있다. 방송대의 티칭 라이프를 이해하기 위해서는 각 학위 과정에 대한 이해가 선행되어야 하므로 먼저 방송대의 학위 과정을 간단하게 살펴보자.

4개 단과대학 23개 학과(부)로 이루어진 학부 과정의 모든 강의는 방송대 학습 포털 [U-KNOU 캠퍼스]에서 제공되며, 전국의 학생들이 시간과 장소의 제약 없이 PC와 스마트폰으로 수업에 참여한다. 이러한 비대면 수업과 더불어 전국 13개 지역대학과 3개 학습센터, 31개 학습관에서 교수진이 학생들과 면 대 면 교육(오리엔테이션, 출석수업, 세미나 등)을 실시하고 있다. 대학원 과정의 경우 시공간적 제약을 뛰어넘는 직장인 재교육 및 고등교육 제공의 목적으로 설립되어 2020년 기준 19개 학과로 구성된 대학원과 7개 전공으로 구성된 경영대학원이 운영되고 있다. 대학원 과정은 수업 및 평가가 100% 온라인으로 진행되며 필요에 따라 오프라인 특강 및 세미나가 진행된다. 프라임칼리지 선취업·후진학 학사학위 과정(이하 선취업·후진학 과정)은 재직자 친화적인 고등교육 과정을 제공하고자 2014년 금융·서비스학부와 첨단공학부 등 2개 학부에 속한 4개 전공의 신입생을 모집하였다. 첨단공학부에 데이터융합공학전공이 신설되어 2020년 기준 2개 학부 5개 전공으로 운영되고 있다. 선취업·후진학 과정은 동일한 학사학위과정인 학부 과정과 달리 출석수업 및 오프라인 기말고사에 참석하기 어려운 재직자를 위해 100% 온라인으로 수업과 평가가 이루어진다는 점에서 대학원 과정과 운영방식이 유사하다. 100% 온라인으로 수업과 평가가 이루어지지만, 필요에 따라서는 온라인 또는 오프라인 특강이 진행되며, 온라인 실습 및 외부 기관과의 협력을 통한 오프라인 실습이 병행되기도 한다.

구분 \ 학위 과정	학부	대학원	프라임칼리지 (선취업 · 후진학)
학습형태	방송 강의 (+출석수업)	온라인 강의 (+세미나)	온라인 강의 (+온라인 특강)
방송강의 및 온라인 형태	TV 채널 방송, U-KNOU 캠퍼스 탑재	LMS 탑재	LMS 탑재
오프라인 강의	일부 과목 출석수업* (6시간 또는 8시간)	과목별 세미나	오프라인 특강
			기관협력 실습
튜터	학과 튜터	과목별 튜터	과목별 튜터
평가 방식 — 중간	출석수업 시험 또는 온라인 과제물	온라인 (시험 또는 과제물)	온라인 (시험 또는 과제물)
평가 방식 — 기말	오프라인 시험** (객관식 OMR 카드)	온라인 (시험 또는 과제물)	온라인 (시험 또는 과제물)

* COVID-19로 인해 2020학년도 1학기 출석수업은 필수를 제외하고 과제물로 대체,
  2020학년도 2학기 출석수업은 ZOOM 활용 온라인 출석수업으로 진행
** 2020학년도 1학기 기말고사는 온라인 과제물로 대체,
  COVID-19 이전부터 기말 오프라인 시험을 태블릿 기반 문제은행 방식으로 대체할
  예정이었으며, 2020학년도 여름 계절학기는 태블릿 기반으로 평가

● 원격 수업을 위해 기획된 강의

방송대의 강의는 대부분 비대면 온라인 수업을 전제로 기획된다. 일반대학의 교수자에게는 '강의가 기획된다'는 표현이 어쩌면 생소하게 느껴질 것이다. 그럼에도 방송대에서 강의가 만들어지는 과정을 가장 잘 설명할 수 있는 표현은 '기획된다'이다. 그 이유는 다음의 두 가지 측면에서 설명될 수 있다.

첫 번째는 방송대 강의는 교육 콘텐츠이면서 동시에 방송 프로그램의 성격을 가지고 있기 때문이다. 방송대 강의는 강의 내용 등 콘텐츠를 만드는 교수와 그 콘텐츠의 제작 과정을 전담하는 프로듀서 등 제작 인력의 협업에 의해 제작된다. 교수가 학습 목표 및 내용 등 강의를 통해 전달하고자 하는 메시지를 결정하면, 제작 인력은 그 메시지가 보다 잘 전달될 수 있도록 강의 방식을 결정하고 강의 자료의 가독성을 높이고 촬영된 영상을 편집하는 역할을 담당함으로써 협력이 이루어진다. 따라서 방송대 강의는 일반적으로 교수가 제공하고자 하는 교육 내용이 담긴 교육 콘텐츠이면서 동시에 제작 인력의 노하우가 투입된 방송 프로그램으로서의 성격을 모두 갖고 있다.

두 번째는 방송대 강의는 제작과 운영에 상당한 예산이 투입되기 때문이다. 첫 번째 이유와 밀접하게 관련되지만, 방송대에는 콘텐츠의 제작과 배포를 담당하는 [디지털 미디어 센터(DMC)]라는 조직이 존재한다. DMC에는 방송국 수준의 촬영이 가능한 스튜디오 2개, 간단한 수준의 강의 제작 및 실시간 영상 강의가 가능한 스튜디오 7개가 마련되어 있으며, 촬영된 강의를 편집하는 데 필요한 편집실과 더빙 및 믹싱 등의 시설이 갖춰져 있다. 또한 이러한 시설을 이용하여 강의 제작을 담당하는 정규 인력과 외주 인력이 상주한다. 즉, 방송대에서 교과목을 제작하는 과정에는 이러한 시설 및 인력 등의 자원이 활용되며, 이를 위해 상당한 수준의 예산이 투입된다. 그렇기 때문에 하나의 강의를 개설하기 위해서는 이에 상응하는 자원과 예산의 적합한 투입을 위한 표준화된 기준과 행정적 절차가 존재한다. 모든 강의는 교육 콘텐츠 및 이러한 절차에 대한 사전 검토의 과정, 즉 기획의 과정을 거쳐 제작된다.

또한 학위 과정에 따라 다소 차이는 있지만, 방송대에서 하나의 강의가 만들어지기까지 [출판문화원]의 지원 역시 절대적이다. 방송대 출판문화원은 700여 종의 방송대 학부 과정 교재와 전문학술서적을 발행하는 출판사이다. 방송대 교재는 비교적 저렴한 가격으로 학생들에게 보급되는데, 신청자에게 택배 형태로 배송되며 e-book으로도 구입이 가능하다.

● 교재 제작부터 강의 수강까지 One-Stop Service

교재 제작 단계에서 교수는 개설하고자 하는 강의가 시작되기 1~2년 전에 책임 집필자로서 강의 내용과 일치되는 교재를 계획한다. 강의 교수 혼자서 집필하기도 하고 2명 이상의 공동 집필자와 함께 집필하기도 한다. 교재 제작을 위해 출판문화원의 전문 담당자가 해당 교재 제작 과정을 전담하여 교정, 저작권 구입, 디자인 등을 도와준다. 그리고 내실 있는 교재를 집필하기 위해 1명의 보조 인력이 제공되며 교정, 자료수집 등을 보조한다. 교재 제작은 생각보다 쉽지 않은 과정이고, 주로 방학 기간에 초고를 마감하므로 일반대학 교수와 달리 방송대 교수는 학기가 시작되기를 기다리곤 한다. 인고의 시간이 지나면 강의 시작 6개월 전에 초고가 완성되고 남은 시간 동안 총 3교의 교정이 진행된다. 다음 방학기간에는 방송 강의를 제작한다. 선취업·후진학 과정의 교재 제작 역시 유사한 단계

를 거치지만 e-book 기반이라는 플랫폼의 차이로 인해 조금 더 압축적으로 진행된다. 무역학과의 학부 과정 교재인 『글로벌 자산관리』는 2018년 4월부터 계획되어 집필을 시작한 후 2019년 1월에 출판되었으며, 첨단공학부의 선취업·후진학 과정 교재인 『대학기초수학』은 2018년 8월부터 계획되어 집필을 시작한 후 2019년 2월에 출판되었다.

DMC에서 관리하는 방송 강의 제작의 경우, 보통 학부 과정은 방학 중에 방송 강의 제작이 시작되어 학기 초중반에 마무리되고, 대학원 과정과 선취업·후진학 과정은 방학 중에 제작이 모두 마무리된다. 방송 강의 형태는 TV 강의, 멀티미디어 강의, 오디오 강의 등이 있는데, 최근에는 대부분의 강의가 멀티미디어 강의로 제작된다. 강의 제작 6개월 전 혼자서 진행할지, 공동으로 진행할지, 대화 형태로 진행할지 등을 배정된 PD와 학과 및 과목 특성에 맞게 협의한다. 그리고 복장, 진행 형태(서서 또는 앉아서 등), 필기 여부 등을 결정한다. 녹화 1~2주 전에 강의 교안(ppt) 및 웹 교안(강의개요, 주요 키워드, 연습문제, 정리하기, 참고문헌 등)을 만들어 PD에게 전달하고, PD는 교안을 확인하면서 오타 수정과 크기 및 위치를 변경하기도 한다.

강의 촬영일에 교수는 강의 시작 전 분장실에서 어색하지만 곧 적응이 되는 방송용 메이크업과 헤어를 하고 스튜디오로 직행한다. DMC에 갖춰진 여러 종류의 스튜디오 중 교수의 의견과 PD의 경험 및 노하우, DMC의 여건 등을 고려하여 촬영할 강의의 TV 방송 여부, 공동 진행 여부, 진행 형태 등에 맞는 스튜디오를 선택하여 녹화를 진행한다. 이러한 과정을 통해 하나의 강좌가 개발되면 수강생 중 모니터링 요원을 선발하여 학습에 불편한 사항이 없는지 모니터링한다. 그 결과를 매 강의 시청 이후 PD와 강의 교수에게 피드백하고, 마지막으로 DMC에서 제작 인력의 제작 회의와 시사회 행사 등을 통해 강의 전반에 대해 최종 점검한다.

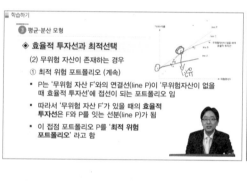
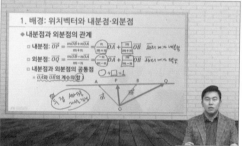

학부 과정의 경우 학생들은 [U-KNOU 캠퍼스]에서 본인이 수강신청한 강의를 한눈에 볼 수 있다. 각 장마다 '강의보기'를 선택하면 웹 교안과 동영상 강의 시청으로 학습이 진행된다. 강의교재의 수정사항과 최신 내용은 '강의공지' 또는 교수 홈페이지를 통해 지속적으로 공지되어 교재 및 방송강의에 대한 질관리가 이루어진다. 일정 기간이 지나면 교재 및 방송 강의는 새로 제작되는데, 정해진 기본 규정은 존재하지만 교수 현황, 시대 반영, 과목 특성 등에 따라 제작 주기는 과목별로 다를 수 있다.

대학원 과정과 선취업·후진학 과정 학생들은 LMS를 통해 강의를 수강할 수 있으며, '학습하기' 메뉴를 선택하면 웹 교안과 동영상 강의 시청이 가능하다. LMS가 과목을 기준으로 교수와 학생을 연결하여 상호작용할 수 있는 가상의 공간으로서 기능하기 때문에 [U-KNOU 캠퍼스]에서 제공되는 학부 과정 강의와 달리 LMS에서 공지사항 전달, 질의응답 등이 이루어진다.

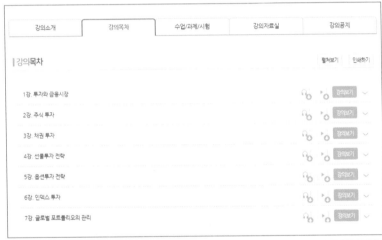

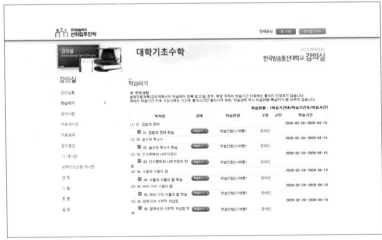

● 강의 운영: 출석수업과 시험

　방송대 학부 과정이 사이버대학과 다른 특징 중 하나는 방송 강의뿐만 아니라 출석수업이 존재한다는 것이다. 학생뿐만 아니라 교수도 출석수업을 특별하게 생각한다. 학생들을 직접 만나 수강 및 학업의 어려움을 청취하기도 하고 비대면 시 파악하지 못했던 학생들의 요구와 교수자의 요구 간 균형이 이루어지는 기회이기도 하다. 출석수업이 있는 과목에서는 중간시험 대신 출석수업 내 평가 또는 출석수업시험(별도 일정으로 시험) 등으로 전체 성적의 30%가 결정된다. 출석수업에 참여하기 어려운 학생은 별도의 출석수업 대체 시험을 치를 경우 동일하게 중간평가 성적 30%를 인정받을 수 있다. 중간시험과 기말시험의 비중이 일반대학과 달리 교수 재량에 의해서가 아니라 대학에 의해서 결정된다. 출석수업 여부와 관계없이 전체 성적의 70%는 기말고사를 통해 결정되는데 기말고사는 6월 중하순 및 12월 중하순 2번의 일요일(2주 동안)에 전국적으로 실시된다. 방송대 학부 과정이 COVID-19로 변화를 맞이한 부분이 바로 출석수업, 출석시험, 기말고사이다.

　100% 온라인으로 진행되는 대학원 과정과 선취업·후진학 과정은 오프라인에서 학생과 만날 수 있는 기회가 학부 과정에 비해 상대적으로 적은 편이다. 대학원 과정에서 학기 중 오프라인 세미나를 진행하거나, 선취업·후진학 과정에서 오프라인 특강 및 실습을 진행하기도 한다. COVID-19로 인해 이와 같이 학기 중에 제한적으로 이루어지던 대면 학습이 어려워지고 온라인으로 대체되는 변화를 겪었다. 그러나 기존에도 중간고사, 기말고사 등 평가가 100% 온라인으로 이루어지고 있었기 때문에 평가 방식에는 별다른 변화가 없었다.

● COVID-19 이후: 출석수업 대신 과제물, 그리고 유튜브 활용

외부에서 바라보면, COVID-19로 인해 방송대가 겪은 충격이 일반대학보다 상대적으로 크지 않았다고 생각할 수 있다. 그러나 방송대 내부적으로는 상당히 큰 혼란을 겪었다. 오프라인으로 개최되던 학위수여식과 학과 오리엔테이션이 온라인으로 대체되었고, 입학식은 생략되었다. 학위 과정의 경우 각 과정의 성격에 따라 충격의 정도가 달랐다. 출석수업과 오프라인 시험이 진행되는 학부 과정은 큰 혼란을 겪은 반면, 100% 온라인으로 진행되는 대학원 과정과 선취업·후진학 과정의 충격은 상대적으로 크지 않았다.

학부 과정에서 출석수업이 과제물로 대체되고 기말시험도 과제물로 대체되면서 학생들의 혼란이 가중되었다. 학생들은 보통 6~7개 과목을 수강하는데 중간 및 기말 과제물 총합이 적어도 12개 이상이 되면서 힘든 학기를 보냈다. 교수들도 채점의 홍수 속에서 학사 일정에 맞춰 성적을 제출하느라 진땀을 흘렸다. 2019년 기준 방송대의 전임교원은 현원이 153명이고 재학생 수는 10만 명이 넘는다. 과제물 채점을 위해 외부 평가위원을 위촉할 수 있지만, 기본적으로 한 명의 평가위원이 한 과목의 전체 과제물을 채점하는 것이 학생 간 형평성을 유지할 수 있는 방안이기 때문에 한 명의 평가위원당 채점분량이 많을 수밖에 없다. 과목당 적게는 몇 백 명이 수강하며 어떤 과목은 몇 천 명의 학생이 수강하기도 한다. 과제물 평가는 보통 집중평가 기간으로 일주일 정도의 시간이 주어지는데, 2020년 6월 마지막 주는 연구실뿐만 아니라 집에서도 컴퓨터 앞에 앉아 채점에만 매달렸다.

유튜브에 방송대 채널 [방송통신대학교&방송대학TV]가 있다. 방송대 학생이 아닌 일반인도 심심풀이로 볼 만한 콘텐츠들이 많이 제공된다. 방송대 채널에서는 방송 강의의 일부(5분에서 10분 정도)를 짧게 편집하여 전달한다. 그런데 COVID-19를 계기로 보조수단으로 생각했던 유튜브 채널을 통해 일부 대면교육을 온라인으로 제공한다.

2020년 방송대는 2월 학위수여식과 학과 오리엔테이션을 온라인으로 진행했으며, 과제물 작성 방법도 유튜브를 통해 제공했다. 2020-1학기가 시작되어 출석수업이 취소되고 유튜브에서 온라인 특강이 진행되어 방송대 채널의 콘텐츠가 더욱 풍부해졌다. 일부 교수들이 별도의 채널을 만들어 COVID-19와 연관된 콘텐츠를 제공하기도 하는 등 방송대의 지식 전달 채널이 더욱 다양화되었다.

대학원 과정과 선취업·후진학 과정은 100% 온라인 교육을 기본으로 하고 있기 때문에 상대적으로 충격이 크지 않았다. 선택적으로 진행되었던 오프라인 세미나와 특강이 진행되지 못했고, 줌(ZOOM)이나 구글 미트(Google Meet)를 활용한 온라인 특강으로 대체되었으며, 필요에 따라 문제풀이 영상을 별도로 촬영하여 유튜브에 업로드하였다. 원격대학인 방송대에서도 오프라인 기반의 행사와 각종 프로그램이 존재했던 만큼 COVID-19 이후 방송대 구성원에게 크고 작은 변화가 예상된다.

● **COVID-19 이후: 대학원 입시 면접을 비대면으로**

방송대는 대학원 과정의 입학 전형을 서류심사와 면접심사로 진행해 왔으며, 특별한 경우가 아니라면 면접심사는 오프라인으로 진행해 왔다. 그러나 COVID-19로 인해 2020년 6월 진행된 방송대 경영대학원 면접심사는 100% 온라인으로 진행되었다. 응시자 3명씩 한 조로 ZOOM을 통해 입시면접이 진행되었는데 학생도 면접관인 교수도 모두 온라인 면접은 처음이라 몇 가지 실수가 있었지만 큰 문제없이 면접이 마무리되었다.

회의실과 대기실을 구분할 수 있는 ZOOM의 기능을 이용하였고, 면접관인 교수 2명 모두 공동 호스트가 되어 응시자들을 대기실에서 면접 회의실로 부르고 면접이 끝나면 응시자들을 대기실로 보낸 다음 점수를 부여하는 등 연속적으로 면접을 진행할 수 있었다. 응시자들이 아주 자유롭게 면접을 보도록 했으며 해외 거주자도 면접에 참여하였다. 응시자는 거실, 주차장이나 차 안에서 노트북이나 스마트폰으로 면접에 참여하였고, 장소, 복장, 환경 등은 온라인 면접에서 전혀

평가요소로 고려되지 않았다. 이는 응시자뿐만 아니라 면접관에게도 초유의 사태라 여러 사정을 감안한 결과일 것이다.

면접이 이루어지는 ZOOM 회의실에 입장하기 전에 대기실에서 응시자의 면접 환경(오디오, 화면, 주변 통제, 소음 등)을 점검하는 과정이 필요하고, 이를 안내하고 지원해 줄 수 있는 스태프의 역량이 매우 중요하게 작용한다. 사전 점검 과정이 철저히 이루어져야 응시자와 면접관 모두 불편함 없이 원활히 면접이 진행될 수 있을 것이다. 실제로 대기실에서 사전 점검을 거쳤음에도 회의실에서 진행된 면접에서는 긴장한 탓에 음소거 해제 등의 기능을 원활하게 작동시키지 못하는 소소한 일화도 있었다.

8

산업공학

정세윤

● 2020학년도 1학기 담당과목 현황

과정	과목명	강의 유형	강의 방식	
			2019-1학기	2020-1학기
학부	대학기초수학	이론	비대면	비대면
학부	공업수학	이론		비대면
학부	창의공학설계	이론+실습		비대면
학부	4차산업시대의기술과경영*	이론		비대면
대학원	행동과학적운영관리	이론		비대면

* [4차산업시대의기술과경영]은 명지대학교 미래융합경영학과에 개설된 교과목으로 전반
부와 후반부를 두 명의 교수가 담당하여 가르치는 팀티칭 형태로 운영

● 2020학년도 1학기 담당과목별 강의 방식

강의 방식 / 과목	대면 수업	비대면 수업			
		실시간 화상	사전 녹화	온라인 특강	온라인 현장학습
대학기초수학			●	●	
공업수학			●	●	
창의공학설계			●		
4차산업시대의 기술과경영		●*	●		
행동과학적 운영관리			●	●	

플립러닝

* 2020학년도 2학기에 비대면 수업으로 실시간 화상과 플립러닝을 결합하여 운영

● 2020학년도 1학기 담당과목별 교과목 개요

  [대학기초수학], [공업수학], [창의공학설계]는 100% 온라인으로 진행되는 프라임칼리지 선취업·후진학 학사학위 과정에 개설되었으며, [행동과학적운영관리]는 100% 온라인으로 진행되는 경영대학원에 개설되었다. 이러한 4개 교과목은 수업 및 평가가 비대면으로 진행될 것을 예정하고 강의가 기획 및 제작되어 실제 운영에 특별한 어려움이나 변동이 없었다. [4차산업시대의기술과경영]은 명지대학교 미래융합경영학과에 오프라인 강좌로 개설될 예정이었으나 COVID-19로 인해 대면 수업이 지속적으로 연기되어 결국 비대면 방식으로 변경되었다.

  [대학기초수학]은 공학 전공을 희망하는 재직자를 위하여 공학 전공 교과목을 이수하는 데 필수적인 수학 개념인 '집합'과 '명제', '수열', '삼각함수', '벡터' 등을 전달하는 교양 교과목이다. [공업수학]은 공학적 시스템을 설계하기 위하여 필요한 수학적 지식을 제공하는 전공 교과목으로 '선형대수', '벡터미적분학', '미분방정식', '최적 제어 이론' 등을 학습한다. [창의공학설계]는 공학 전공을 이수하면서 학습한 내용을 실제 프로젝트에 적용할 수 있는 기회를 제공하는 교과목이며, 현실 문제를 인식하고 창의적 문제해결 방법론을 적용하여 아이디어를 도출하고 실제 구현해 보는 '공학설계' 과정과 '공학윤리', '지적재산권' 등에 대하여 다룬다. [행동과학적운영관리]는 대학원 과정의 교과목인 만큼 수학적 모형에서 도출된 운영관리(Operations Management) 이론을 학습하고 이를 현실에 적용하는 과정에서 고려되어야 하는 행태적 요인들에 대해 학습한다. [4차산업시대의기술과경영]은 4차 산업혁명이 무엇인지, 어떤 기술이 활용되고 있으며 그 기술의 이론적 배경은 무엇인지, 그러한 기술이 경영 환경을 어떻게 변화시키고 있고 변화시킬 것인지에 대하여 다루는 교과목이다.

● 교과목별 LMS 운영 현황

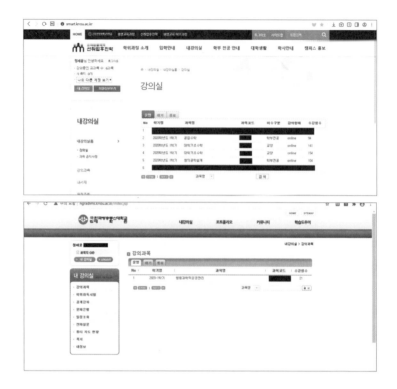

　　[대학기초수학]은 1학년 1학기에 개설되는 교양 교과목이기 때문에 선취업·후진학 과정의 다른 과목에 비해 수강생이 많은 편이다. 2019학년도 1학기에는 성적 마감일 기준 295명의 학생이 수강하였으며, 두 반으로 분반하여 운영되었다. [공업수학]은 2학년 1학기에 개설되는 전공 교과목으로 성적 마감일 기준 94명의 학생이 수강하였고, [창의공학설계]는 성적 마감일 기준 104명의 학생이 수강하였다. 대학원 과정인 [행동과학적운영관리]는 성적 마감일 기준 21명의 학생이 수강하였다. 선취업·후진학 과정과 대학원 과정 교과목은 학기 시작 전에 강의 제작이 완료되어 별도의 LMS에 탑재되었고, 학생의 강의 수강 및 평가 역시 해당 LMS를 통해 이루어졌다.

[4차산업시대의기술과경영]은 오프라인 대면 수업으로 기획되면서 관련 기사, 사례 등의 자료를 읽기 자료로 제시하였다. 수업 당일에는 이론 수업 후 해당 읽기 자료에 대한 논의를 진행하는 플립러닝(Flipped Learning) 방식으로 준비되었다. 그러나 COVID-19로 인해 대면 수업이 단계적으로 연기되고 비대면으로 전환되면서 수업 시작 1~2주 전에 비대면 수업을 제작하여 LMS에 탑재하였다. 또한 수업 관련 토론 주제를 제시하여 학습자가 수업 내용을 복습하고 관련 자료를 찾아보면서 스스로 내용을 정리할 수 있는 기회를 제공하였다.

● 비대면 기획 수업: 온라인 특강 및 수업 자료 추가 제공

방송대에 개설된 비대면 수업 중 [공업수학]과 [행동과학적운영관리]는 수업을 기획할 때부터 특강의 필요성을 고려하여 준비하였다. [공업수학]에서는 온라인으로 진행되는 수업의 성취도를 확인하고 연습문제를 풀이하는 시간을 포함하여 강의를 기획하였다. 전체 강의를 이해하는 데 있어서 기본적이고 핵심적인 내용이 포함된 중간고사 이전 범위에 대한 특강을 구글 미트(Google Meet)를 이용하여 진행하였으며, 특강 내용은 녹화 후 유튜브 계정에 업로드하고 URL을 LMS에 게시하였다.

[행동과학적운영관리]는 학습자 스스로 의사결정자로서 자신의 사고 과정을 파악해 보는 것이 교과목의 학습목표이기 때문에 정답이 존재하지 않는 문제를 제시한 후 스스로 답을 찾아가는 과정을 보고서로 작성하는 과제를 제시하였다. 이러한 방식의 과제가 생소하게 느껴질 수 있는 학습자를 위해 과제물에 대한 가이드라인을 제공하는 영상을 교수자가 자체 제작하여 유튜브 계정에 업로드하고 URL을 LMS에 게시하였다. 또한 강의 진행 중 학습자의 피드백을 통해 통계 지식에 대한 수요가 존재한다는 것을 파악하여 구글 미트로 실시간 수업을 진행한 후 녹화한 영상은 유튜브 계정에 업로드하고 URL을 LMS에 게시하였다.

특강 및 과제물 가이드라인과는 별도로 [대학기초수학] 교과목에서는 연습문제에 대한 자세한 풀이를 요청하는 학습자를 위해 풀이 과정을 텍스트로 전달하는 데 한계가 있는 연습문제를 선별하여 자세한 풀이 과정을 촬영한 후 유튜브 계정에 업로드하고 URL을 LMS에 게시하였다.

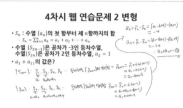

[창의공학설계]는 별도의 특강은 진행하지 않았고, LMS 게시판 또는 이메일을 활용하여 개별적으로 프로젝트 주제 선정 및 진행 상황에 대한 질의응답과 피드백을 학습자와 지속적으로 주고받았다. 중간 과제물로 프로젝트 계획서를 작성하고, 기말 과제물로 프로젝트 결과보고서를 작성하도록 하여 실제 수행한 결과에 대해 평가하였다.

● 비대면으로 변경된 수업: 사전녹화 수업(PPT 녹화)

[4차산업시대의기술과경영]은 대면 수업에서 비대면 수업으로 변경되었기 때문에 사전에 준비했던 플립러닝 방식을 진행할 수 없는 상황이라 4차 산업혁명의 핵심 기술에 대한 이론 강의를 제공하는 형태로 변경하였다. 1~7주차까지 강의는 PPT의 녹화 기능을 이용하여 사전제작 하였으며, 각 차시는 25분 분량의 동영상 3개씩 총 75분 강의로 구성하였다. 강의 제작 과정에서 계획했던 목차를 모두 진행하느라 실제 강의 시간이 75분을 초과하는 경우가 대부분이었으나, 시행착오를 겪은 이후에는 강의 목차를 고수하기보다는 강의 시간에 맞춰서 수업을 마무리하고 이어지는 수업의 내용과 난이도를 조절하는 방식으로 변경하였다.

● 출석

　방송대에 개설된 비대면 교과목의 경우 학습자의 동영상 강의 시청시간에 따라 출석 확인이 가능한 방식을 채택하고 있다. 대면 수업에서 비대면 수업으로 변경된 수업 역시 유사한 방식으로 출석을 확인한다.

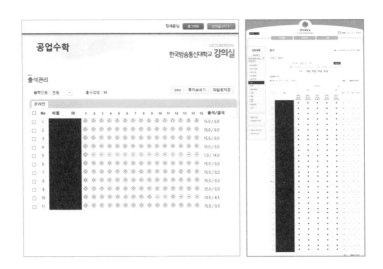

● 과제

　비대면 수업으로 기획되어 개설된 [대학기초수학], [공업수학], [창의공학설계], [행동과학적운영관리]는 원칙적으로 수강신청 시 공개된 강의계획서에 명시되어 있는 과제물을 학습자에게 부여하였으며, 필요에 따라 과제물의 수를 줄이거나 주제를 변경하기도 하였다. 구체적으로 [대학기초수학]과 [공업수학]은 수학 교과목의 특성상 기본적인 개념을 이해하고 있는지 확인하는 과제물을 제출하도록 하였으며, 온라인으로 제출받아 평가하였다. [창의공학설계]는 프로젝트 주제를 선정하여 중간고사 때까지 계획서를 작성하여 제출하고, 기말고사 때까지 프로젝트 결과보고서를 작성하여 제출하도록 하였다. [행동과학적운영관리]에서는 학습자 스스로 학습한 이론을 적용해 볼 수 있는 예제를 작성해 보거나 수집 가능한 데이터를 분석해 보는 과제를 출제하였다.

대면 수업으로 준비한 [4차산업시대의기술과경영]은 매 차시마다 제시되는 주제에 대하여 학습자의 복습과 토론이 이루어지도록 하였으나, 교과목이 모두 비대면으로 전환되어 학습자의 과제 부담이 증가하였음을 확인한 후 토론 주제의 난이도를 조절하고 제출해야 하는 과제물의 분량을 제한하였다.

● 시험

비대면 수업으로 기획되어 개설된 [대학기초수학], [공업수학], [창의공학설계], [행동과학적운영관리]는 원칙적으로 수강신청 시 공개된 강의계획서에 명시되어 있는 시험을 진행하였다. 그러나 기존의 출석시험이 아닌 온라인 시험으로 변경하여 실시되었다. 선취업·후진학 학사학위 과정인 [대학기초수학], [공업수학], [창의공학설계]는 온라인 시험 시스템을 이용하여 시험 문제를 출제하고 정해진 날짜, 정해진 시간에 학습자가 시험에 응시하는 방식으로 시험이 진행되었다. 특별한 사정으로 인해 해당 일자에 응시가 불가능한 학습자는 학교의 승인을 얻어 일부 패널티가 부여된 과제물을 제출할 수 있도록 하였다.

경영대학원에 개설된 [행동과학적운영관리]의 강의계획서에는 시험이 포함되어 있었으나, COVID-19로 인한 온라인 시험으로 변경하지 않고 학습자의 학업성취도와 교과목의 난이도를 고려하여 과제물로 대체하였다. 방송대 대학원의 일부 교과목에서는 사전에 시간을 정한 후 교수자와 학습자가 온라인 실시간 구술고사를 진행하기도 하였다. 대면 수업에서 비대면 수업으로 변경된 [4차산업시대의기술과경영]은 평가에 대한 학습자의 의견을 수렴하여 매 차시마다 제시된 토론 주제에 대한 토론 내용에 대한 평가로 중간과제물을 대체하였다.

● 강의평가 및 만족도

학습자

중간강의평가: 만족 사항

"통계공부를 너무 하고 싶었던 차에 교수님의 두 번에 걸친 강의(특강)는 너무나 좋았습니다."

"방송대 와서 영상으로만 강의를 듣다 보니 좀 멀리만 느껴지던 것들이 화상 수업으로라도 하니 크게 도움이 됩니다."

"과제 수업도 실생활에 도움이 되고 매우 유익한 학습이었습니다."

"다양한 관점에서 문제를 발굴하고 해결하는 과정을 배운 것 같습니다."

"마냥 어렵고 두려웠던 수학이 조금은 친숙해진 느낌입니다."

중간강의평가: 불만족 사항

"문과적으로 70~80% 이해되지만, 이과적인 이해 수준은 20% 이하입니다. 설명을 자세히 해 주셔서 개념적으로는 이해가 됩니다. 그런데 수학적인 풀이와 도출과정, 증명 등은 제 능력으로 이해하기가 쉽지 않습니다."

"개괄적인 개념은 조금 이해되지만 수학적 표현과 증명과정, 'why'에 대한 답변 등은 저의 능력 범위를 벗어나고 있습니다."

"수학 기초가 없는 경우 수업을 따라가기 너무 힘듭니다."

"예제 풀이 슬라이드 배경이 검은색이라 강의자료 출력 후 필기하기가 어려웠습니다."

- 방송대에서 유일하게 4년제 공학사 학위를 취득할 수 있는 선취업·후진학 학사학위 과정인 첨단공학부에서 수학 교과목을 비대면으로 강의하다 보니 비대면의 장점인 시간과 공간의 제약을 뛰어넘은 학습과 수강생 맞춤형 첨삭지도가 모두 가능한 교수법에 대하여 끊임없이 고민하게 되는 것 같다. 특히, 성인학습자의 경우 온전히 학업에 전념하기가 어려운 상황이기 때문에 이러한 부분에 대하여 조금 더 면밀한 고민이 필요한 것 같다.
- 대면 수업을 비대면 수업으로 전환하는 의사결정에서 가장 중요한 건 타이밍인 것 같다. 이번 COVID-19는 동시대 사람들은 처음 겪는 상황이었기 때문에 적극적인 대응이 어려웠지만, 2학기에도 이러한 상황이 지속된다면 교수자 입장은 물론 학습자 입장에서도 수업 진행 방식과 관련된 불확실성을 가능한 한 빨리 제거하여 예측 가능한 수업 및 평가가 이루어지도록 하는 것이 좋을 것 같다.

- 대면 수업보다는 분명 부족하겠지만 비대면 수업에서도 온라인으로 진행되는 실시간 상호작용이 수강생의 만족도를 높이는 데 기여한다는 것을 확인할 수 있었다.
- 대면 수업을 비대면 수업으로 전환했을 때는 수업의 내용 역시 비대면 수업에 보다 적합한 방식으로 재조직할 필요가 있다는 것을 깨달을 수 있었다.

● 에피소드

> ● PPT 사전녹화로 동영상을 제작한 후 지점 편집을 히였더니 강의 촬영보다
> 더 많은 시간을 편집에 할애하는 자신을 발견하였고, 어느 순간 편집을 포
> 기한 자신을 한 번 더 발견하게 되었다.
>
> ● 구글 미트를 이용하여 진행된 특강을 녹화할 때, 태블릿을 이용한 필기 등
> 수업을 진행하는 PC와 녹화용 PC를 가까운 곳에 위치시켰더니 녹화용 PC
> 에서 말소리가 심하게 울려 시청하기 어려운 동영상이 되었다. 이후에는
> 이를 개선하였다.
>
> ● 온라인 강의를 녹화할 때 마이크 음량에 대한 불만이 종종 있었는데, 상대
> 적으로 고가인 팟캐스트 녹음용 콘덴서 마이크보다 저렴한 핸드마이크를
> 사용했을 때 더 만족스럽다는 의견을 듣기도 하였다. 최고 사양의 장비를
> 사용할 수 없는 상황이라면, 주변 사람들의 경험과 후기를 참고하여 저렴
> 하면서도 성능이 괜찮은 제품을 구입하는 것도 온라인 강의 준비에 효과
> 적일 것 같다.

● **추천 TIP!**

- PPT를 이용하여 강의를 촬영하는 두 가지 방법!
- 첫 번째는 '슬라이드쇼' 메뉴에 포함된 '슬라이드쇼 녹화' 기능이다. 이 방법은 슬라이드쇼를 진행하여 강의를 녹화할 때 강의를 진행하는 교수자의 목소리와 얼굴도 함께 녹화할 수 있다는 장점이 있으나, 슬라이드에 포함되지 않은 추가 자료를 제공하려면 별도의 방식을 이용해야 한다는 한계가 존재한다.
- 두 번째 방법은 '삽입' 메뉴에 포함되어 있는 '미디어' 탭의 '화면 녹화' 기능이다. '화면 녹화' 기능은 화면의 일부분을 지정하여 녹화를 진행할 수 있다는 장점이 있지만, 교수자를 슬라이드쇼와 함께 표시하려면 두 가지 채널로 녹화된 영상을 음성에 맞춰 믹싱하여 하나의 동영상으로 편집할 수 있는 OBS 등의 소프트웨어가 필요하다는 단점이 있다.
- 개인적으로는 교수자가 화면에 등장하지 않고 모니터의 특정 영역을 지정하여 녹화할 수 있는 '화면 녹화' 기능을 선호하지만 교과목 특성과 학습자의 선호 등에 대한 고려가 필요하다.
- 문제풀이 등 추가적인 정보를 제공하는 영상은 유튜브의 클립처럼 가능한 짧고 핵심적인 내용을 먼저 보여 주어 압축적으로 제공하는 것이 효과적이다.
- 사전녹화 방식의 비대면 강의와 실시간 비대면 강의를 결합하면 플립러닝과 유사한 효과를 낼 수 있다.
- 비대면 수업에서는 항상 평가가 가장 중요한 이슈인 것 같다. 소규모 강의에서는 실시간 구술 평가 방식도 가능하니 한번 시도해 보길 추천한다.

에필로그_ 성미영

with COVID-19 시대의 '슬기로운' 티칭 라이프

2학기 개강을 이틀 앞둔 2020년 8월 30일. 개강과 더불어 학생들을 대면으로 만날 기대는 다음으로 미뤄야 했다. COVID-19 확진자가 급증하여 서울 및 수도권의 사회적 거리두기 단계가 2단계에서 2.5단계로 격상됨에 따라 2020학년도 2학기도 비대면 강의로 시작하게 되었기 때문이다. 전국적으로 많은 대학이 짧게는 개강 후 2주, 길게는 중간고사 기간까지 전면 비대면으로 강의가 진행된다. 지난 1학기가 끝나는 시점에서만 해도 2학기 시작은 대면 수업으로 진행될 거라고 기대했으나, 2학기도 1학기와 동일한 과정을 거치게 되는 건 아닌지 불안하기만 하다. 또다시 동영상 강의를 촬영하고 실시간 화상으로 강의를 진행해야만 하는가? 대학 사회는 더 이상 COVID-19 이전으로 되돌아갈 수 없으며, COVID-19와 더불어 살아가야만 하는 상황이 되어 버렸다.

위드 코로나 시대의 대학 수업은 앞서 10명의 저자가 제공해 준 수업사례를 통해 확인한 바와 같이 COVID-19 이전의 수업과 확연하게 달라졌다. 이러한 변화는 앞으로도 지속될 것이므로 대면으로 수업을 진행하기 어려운 상황임을 고려한다면 비대면 수업의 효율성을 높이기 위해 교수자의 노력이 한층 더 요구된다. COVID-19의 혼돈 속에서도 전국 대학의 교수자는 각자의 위치에서 학습자의 학습 욕구를 충족시키기 위해 다양하고 혁신적인 수업 방식을 자신의 전공 과목에 녹여 내느라 밤낮없이 고군분투하였다. 원격대학의 교수자는 일반대학의 교수자에 비해 다소 안정적으로 온라인 강의를 진행한 것처럼 보이지만, 출석수업이 취소되고 출석시험이 과제물로 대체되는 등 어쩔 수 없이 변화에 동참하게 되었다. 일반대학 교수자의 충격은 이보다 훨씬 더 컸다. 촬영 기자재나 시설설비가 미처 갖춰지지 않은 여건 속에서 각자의 휴대폰이나 카메라로 연구실 또는 강의실에서 직접 강의 영상을 촬영하였고, 실시간 화상 수업을 위해 노트북을 새로 구입하고 프로그램을 설치하는 등 대면 수업을 준비하기 위해서는 불필요했던 일을 할 수밖에 없었다.

이렇게 우리는 COVID-19의 혼돈 속에서 한 학기를 보냈다. 더 이상 처음이라는, 그리고 준비가 되지 않았다는 말로 학습자에게 양해를 구할 수는 없다. 교육부와 대학은 교수자의 비대면 수업을 적극적으로 지원하기 위해 노력하고 있다. 교육부는 대학의 온라인 교육 강화를 위해 전국 10개 권역별로 미래교육센터와 원격교육지원센터의 설치 계획을 발표하고, 각 대학에도 원격교육지원위원회와 센터의 설치를 권고하였으며, 대학은 위원회와 센터 설치를 준비하느라 분주하다. 지난 1학기 대학 수업을 뒤돌아보면 아직 넘어야 할 산이 많다. 위드 코로나 시대의 대학 수업에는 온라인 강의 콘텐츠 제작 및 관리 이외에도 여러 가지 문제가 산적해 있지만, 대표적으로 해결해야 할 문제가 바로 평가이다. 전면적인 대면 수업이 실시됨에 따라 1학기 성적은 상대평가에서 절대평가로 기준이 완화되었고, 출석 시험은 대부분 온라인 시험으로 대체되었다. 온라인 시험 부정행위가 여러 대학에서 발생하면서 '선택적 패스제'의 도입이 대안으로 등장하였고, 일부 대학은 이를 수용한 반면 다른 대학들은 변별력을 떨어뜨린다는 이유로 반대 입장을 표명하였다. 위드 코로나 시대가 지속됨을 전제로 한다면 성적장학금과도 맞물려 있는 평가 문제에 대한 해답을 하루속히 찾아야 할 것이다. 이처럼 해결해야 할 문제는 여전히 남아 있지만, 양질의 온라인 강의 콘텐츠를 개발하고 유지 및 관리하기 위해 교육부와 대학, 그리고 교수자와 학습자 모두 이러한 문제를 '슬기롭게' 해결해 나갈 수 있을 것으로 믿는다.

번외편

비대면 수업은 플립러닝으로!_성미영

● 플립러닝을 집중이수제로!

블렌디드 러닝(Blended Learning)은 프롤로그에서 플립러닝(Flipped Learning)과 함께 소개된 수업 방법으로 with COVID-19 시대에 활용 가능한 대표적인 수업 방법이다. 온라인과 오프라인 수업을 함께 진행하는 블렌디드 러닝 방식으로 여름방학 2주 동안 진행되는 [집중이수제*] 강좌 개설을 신청하였다. 2020학년도 2학기에 COVID-19가 다시 확산될 수 있다는 불안감에 면 대 면으로 학습자를 만나고자 학기 시작 이전에 집중적으로 수업을 운영할 계획이었다. 그러나 COVID-19 확진자 수가 갑작스럽게 증가하여 2020년 8월 18일부터 8월 31일까지 2주 동안 블렌디드 러닝으로 운영될 예정이었던 [아동안전관리_01분반]의 오프라인 수업은 실시간 화상 수업으로 대체되었다. 블렌디드 러닝으로 계획되었다가 전체 강의가 비대면 강의로 변경되었으나, 플립러닝 수업 방식은 그대로 적용하였다. 플립러닝은 블렌디드 러닝의 발전된 형태로 '거꾸로 학습'이라 불리며 사전에 동영상 강의를 수강하고 이후에 교수자와 학습자가 만나 심화학습을 진행하는 방식이다.

● 플립러닝! 비대면 수업으로 진행하기

2020학년도 1학기에 PBL 수업을 비대면으로 진행한 경험이 있어 이전 경험을 바탕으로 플립러닝을 설계하고 진행하였다. 플립러닝은 Pre-class, In-class, Post-class로 구분하여 진행되는데, 먼저 Pre-class에서는 In-class 이전에 동영상

---

* 집중이수제는 매일 오프라인 수업 3시간과 온라인 동영상 수업 40분씩 총 10일, 2주 동안 한 학기 수업 시간에 해당하는 45시간을 운영하는 제도임.

강의를 미리 수강한다. 다행히도 K-OCW 공개강의로 제작했던 [아동안전관리] 동영상이 마련되어 있어서 추가적인 사전녹화는 필요하지 않았다. In-class에서는 미리 수강한 동영상 강의에 대한 이해도를 측정하기 위해 수업 시작과 더불어 퀴즈를 보고, 동영상 강의 내용을 토대로 심화학습을 진행하는데, 심화학습의 형태는 토론, 프로젝트, 팀기반, 문제해결 등 다양한 방식이 활용된다. 이 중 본 수업에서는 Pre-class 동영상의 마지막에 학습자에게 문제 상황을 제시하고, In-class에서 해당 문제를 해결하는 PBL 방식으로 수업을 운영하였다. 문제 상황을 해결하기 위해 56명의 학습자를 12개 조로 나누고, 조별로 개설한 ZOOM 회의실을 교수자와 튜터가 방문하여 피드백하는 방식으로 In-class를 운영하였다. 마지막으로 Post-class는 LMS의 '열린게시판'에 관련 사이트 링크를 제시하여 관심 있는 학습자가 추가 학습을 진행하도록 하였다.

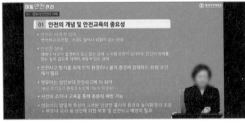

● 플립러닝! 성적 평가하기

플립러닝 수업의 경우 다양한 평가방식을 활용하여 성적을 산출한다. 먼저, Pre-class의 동영상 수강은 LMS와 연동되어 자동으로 출석이 인정되고, In-class 에서 보는 퀴즈 점수가 성적에 합산된다. 중간고사는 과제물로 대체하였고, 기말 고사는 실시간 온라인 시험으로 진행하였다. In-class에서 조별로 작성한 팀 활동 일지와 개별 성찰일지, 그리고 조별과제 결과물에 대한 평가 역시 전체 성적에 반 영하였다.

● 플립러닝! 학습자의 만족도는?

COVID-19의 재확산으로 인해 전면 비대면 수업으로 플립러닝을 진행하였 다. 2주라는 짧은 기간 동안 집중이수제로 진행된 본 수업에 대한 학습자의 만족 도는 매우 높았다. "플립러닝 수업으로 인해 기존 대면 수업보다 교수님과의 소통 이 더 활발하게 이루어져서 좋았다.", "아주 콤팩트하게 수업을 진행해서 조금 힘 들긴 했지만 그만큼 얻어 가는 것이 많았고, 지금까지 한 팀플 중에 가장 만족도

가 높았다.", "프리 클래스 영상의 퀄리티가 매우 좋다는 생각이 들었습니다. 교수
님께서 철저히 강의 준비를 하신 것이 눈에 보였습니다.", "미리 교수님 영상 수업
을 듣고 줌 수업을 통해 조를 형성해서 그 주제에 맞는 팀 활동지를 보면서 우리
가 찾아보지 못했던 것을 너 주가적으로 볼 수 있어서 더욱 만족도가 높았다. 지
금까지 학교 다니면서 들었던 수업 중에 가장 재미있었고, 스스로 무언가를 할 수
있다는 점이 좋았다." 이상은 플립러닝으로 진행된 본 수업에 대한 학습자의 주관
식 강의평가 결과이다. 매일 3시간의 실시간 화상 수업과 40분의 동영상 강의를
준비하고 수강하느라 교수자와 학습자 모두 힘들었지만 만족스러웠으며, 이러한
만족도를 2020학년도 2학기 [아동안전관리_02분반] 플립러닝 수업에서도 이어
갈 수 있기를 기대해 본다.

비대면 수업은 OBS로!_정세윤·정우성

● 온라인 실시간 강의와 녹화를 위한 OBS

OBS는 Open Broadcaster Software의 약자로 PC를 이용하여 온라인 실시간 강의와 녹화를 진행할 때 사용하는 오픈소스 소프트웨어이다. 구체적으로 OBS는 여러 채널로 입력된 영상 또는 음성 신호를 혼합시켜 하나의 출력 형태로 내보내는 믹서(Mixer) 역할을 한다. 이때 다양한 입력 방식을 개별적으로 다룰 수 있기 때문에 OBS를 잘 다루면 온라인 실시간 강의와 녹화에서 영상과 음향의 품질을 높일 수 있다.

예를 들어, 노트북을 이용하여 웹캠으로 자신을 촬영하면서 PPT로 만든 강의 자료에 판서하는 강의를 녹화하는 상황을 생각해 보자. 이때 웹캠으로 들어오는 영상 신호와 마이크로 들어오는 음향 신호, 그리고 판서가 이루어지는 PPT 화면 등 최소 세 가지 채널의 신호를 원하는 형태로 혼합시킬 수 있어야 하나의 강의 영상 제작이 가능해진다. OBS는 이러한 입력 신호를 개별적으로 선택하여 혼합하는 방식을 결정할 수 있도록 해 준다. 온라인 실시간 강의를 할 때는 출력을 내보낼 스트리밍 주소를 입력하는 절차만 추가될 뿐 다른 절차는 강의를 녹화하는 방법과 모두 동일하다.

● OBS 설치 및 사용

OBS는 공식 홈페이지(https://obsproject.com/)에서 다운로드받아 설치할 수 있고, 자세한 설치 및 사용 방법에 대한 정보는 인터넷에서 쉽게 찾을 수 있다. 그 중에서 블로그와 함께 영상이 모두 잘 갖춰진 유튜브 채널 'ez tube'의 자료를 추천한다.

사용법 및 화면 녹화

PPT 온라인 강의 녹화

실시간 스트리밍

● OBS-VirtualCam을 이용한 송출 영상 관리

OBS-VirtualCam을 이용하면 OBS를 통해 출력되는 영상을 그대로 ZOOM의 카메라 입력으로 사용할 수 있다. 그러면 ZOOM에서 제공하는 가상배경 기능에 구애받지 않고 OBS 크로마키를 이용한 보다 효과적인 가상배경을 이용할 수 있을 뿐만 아니라 다양한 효과, 장면 전환 등을 그대로 사용할 수 있다는 장점이 있다. 만약 OBS 화면을 공유를 사용하지 않고 바로 ZOOM에 송출할 때 화질 저하가 발생한다면, OBS 메인 화면에서 마우스 오른쪽을 클릭하면 나타나는 '전체화면 프로젝터(미리보기)' 기능이 대안이 될 수 있다. 여러 모니터를 연결해서 사용하고 있다면, 이 기능을 이용해 모니터 한 개는 송출되는 화면을 모니터링하는 용도로 사용하면서 ZOOM으로 해당 모니터 화면을 공유하면 효과적으로 OBS의 공유화면을 화질의 저하 없이 강의에 사용할 수 있다.

OBS-VirtualCam 홈페이지

● OBS와 유사한 기능을 제공하는 소프트웨어

OBS와 유사한 기능을 제공하는 소프트웨어는 여러 가지가 있지만, 대표적으로 무료 소프트웨어로 제공되는 아이캔노트(ICanNote)와 아이캔스크린(ICanScreen)을 추천한다. 아이캔노트는 그림(.jpg), PDF(.pdf), 한글(.hwp), 파워포인트(.ppt 또는 .pptx)를 불러온 후 그 위에 디지털 방식으로 판서를 하며 수업할 수 있는 온라인 판서 프로그램이며, 아이캔스크린은 디지털 방식의 판서를 수행하면서 웹캠 영상과 함께 화면을 녹화할 수 있는 프로그램이다. 두 프로그램 모두 후원 기반의 열정 페이로 제공되고 있으며, 아이캔노트 공식 카페(https://cafe.naver.com/icannote)를 통해 다양한 정보가 제공된다.

아이캔노트 공식 카페에서 자료를 찾거나 '아이캔노트'와 '아이캔스크린'을 유튜브에서 검색하면, 사용 방법에 대한 다양한 안내를 확인할 수 있다. 아이캔노트의 경우 기본적인 내용을 충실하게 소개하는 유튜브 채널 '박동배'의 영상을 추천하며, 아이캔스크린의 경우 유튜브 채널 '수학귀신'의 영상을 추천한다. 영상을 보고 따라하면 누구나 사용할 수 있을 정도로 친절하게 안내되어 있다.

아이캔노트 홈페이지　　　　아이캔스크린 홈페이지

설치 및 기본 환경 설정　　　　강의 준비　　　　강의녹화 및 판서하기

'수학귀신'의 아이캔스크린 전자칠판 사용 방법

필요한 정보는 여기서! _정세윤

LMS

LMS(Learning Management System)는 온라인에서 학습이 이루어지는 가상공간이다. 학습자의 수강신청에 따라 특정 교과목을 함께 수강하는 학습자와 그 교과목을 담당하는 교수자로 이루어진 반(class)이 구성되면, LMS는 그 반의 구성원이 온라인에서 출석·수강·질의응답·토론·평가 등 학습과 평가에 필요한 상호작용이 이루어지는 장으로서 기능한다. LMS는 각 대학에서 자체 자원을 투입하여 대학의 특성에 맞게 발주 및 제작하기도 하지만, 오픈소스 기반의 LMS를 사용자 특성에 맞춰 새롭게 정의하기도 하고, 기존에 제작된 LMS를 사용하기도 한다.

● 무들(Moodle) moodle

무들은 오픈소스 기반의 LMS이다. 오픈소스 기반이기 때문에 무료로 설치하고 활용할 수 있지만, 원활한 사용을 위해서는 가상공간을 사용자 특성에 맞춰 새롭게 정의해야 하고, 대학 포털의 학사정보 데이터베이스와 연동하기 위해서는 전산 담당 부서와 성적 처리 및 입력 방식 등에 대한 논의가 필요하다. 비대면 학습을 위한 인프라 구축이 미비한 대학에서 가장 적은 자원을 투입하여 활용할 수 있는 LMS이다. 무들 홈페이지에서 다운로드하여 설치할 수 있고, 무들 유튜브 계정에는 다양한 활용 영상이 업로드되어 있다.

무들 홈페이지

무들 유튜브 계정

● 구글 클래스룸(Google Classroom) Google Classroom

　구글 클래스룸은 구글에서 교육 목적으로 제공하는 LMS이자 가상 협업 공간
이다. 이미 구글 G Suite 기반의 이메일 계정을 사용하고 있는 대학이라면, 구글
클래스룸을 무료로 이용할 수 있다. Gmail, 구글 드라이브 등 구글의 다른 서비
스에 익숙한 사람이라면 쉽게 적응할 수 있는 사용자 인터페이스로 구성되어 있
다. 온라인 강의를 업로드하여 학습자가 자유롭게 수강하도록 하는 것보다는 구
글 미트를 활용하여 실시간 쌍방향 수업을 하거나, 캘린더와 드라이브 등 구글의
다른 기능과 결합하여 편리하게 일정 및 파일을 공유할 수 있다는 장점이 있다. G
Suite 기반의 이메일 계정을 도입한 대학에서 활용하기에 적합한 방식이다. 구글
클래스룸 홈페이지에서 자세한 정보를 확인할 수 있으며, 유튜브 계정 '친근한 미
래교실'에서 다양한 구글 클래스룸 활용 방법을 확인할 수 있다.

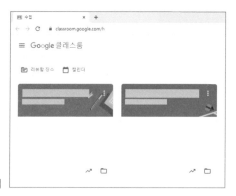

구글 클래스룸 홈페이지

수업 시작하기

구글 설문지로 퀴즈 보기　구글 설문지로 시험 보기　　자동채점 및 통계

● 헬로 LMS(HelloLMS)

　헬로 LMS는 국내 기업 아이맥스소프트(IMaxSoft)가 제작한 LMS로 현재 경북대, 동덕여대, 부경대, 서울교대 등 국내 40개 대학에서 도입하여 활용하고 있다. 전통적인 LMS 기능을 모두 갖추고 있으며, 온라인 강의를 업로드할 때 CDN(Contents Distribution Network)에 업로드할 것인지 아니면 유튜브에 업로드된 영상을 가져올 것인지 등을 선택할 수 있다. 자체 전산시스템을 갖추고 있으면서 여러 대학에서 검증받은 LMS를 추가하고자 하는 대학에 적합하다. 아이맥스소프트 홈페이지에서 관련 정보를 확인할 수 있으며, 사례로는 경북대학교 유튜브 채널에 공개된 헬로 LMS 활용법을 소개한다.

아이맥스소프트 홈페이지

헬로 LMS_메인화면

헬로 LMS_출석

헬로 LMS_과제

헬로 LMS_시험

● 블랙보드(Blackboard)

블랙보드는 전통적인 LMS의 기능을 모두 제공하면서 구글 클래스룸에서 가능한 협업 및 정보 추출을 패키지로 서비스하므로 세종대 등 이미 많은 대학에서 활용하고 있는 LMS이다. 온라인 강의 영상 업로드와 강의 시청, 퀴즈 등 평가에 필요한 모든 기능이 구축되어 있어 안정적이고 다양한 기능을 갖춘 LMS를 구축하고자 하는 대학에 적합하다. 블랙보드 홈페이지와 유튜브 계정에서 제품에 대한 소개, 도입 사례 및 효과 등 다양한 정보를 확인할 수 있다.

블랙보드 홈페이지

블랙보드 유튜브
계정

유튜브에 업로드된 다양한 영상을 시청하고, 필요한 정보를 얻는 건 이제 우리에게 익숙한 일상이다. 유튜브에는 다양한 교육 콘텐츠가 업로드되어 있는데, COVID-19로 인해 대학 강의를 유튜브에 업로드하기도 한다. 제작된 동영상을 업로드하고 그 영상을 학습자가 시청할 때 발생하는 스트리밍 트래픽을 감당하기 어려운 일부 대학에서는 유튜브를 CDN의 대안으로 활용하기도 하며, 각종 실시간 영상을 공유하는 채널로 활용하기도 한다. 여기에서는 유튜브를 활용한 사례를 소개한다.

● 교수자 강의 영상

정규 강의로 제작한 영상을 유튜브에 업로드할 때 가장 고민스러운 부분은 영상의 공개 범위와 관련된 부분이다. 동영상을 업로드할 때 '전체 공개' 또는 '일부 공개'를 선택할 수 있는데, 전체 공개보다는 학습자를 대상으로 동영상 시청 URL을 제공하는 '일부 공개' 기능을 많이 사용한다. 유튜브에 공개된 자료 중 서울교육대학교의 [파이썬 프로그래밍 환경] 강의를 소개한다.

● 학습자용 오리엔테이션 및 학교 행사

COVID-19로 인해 오프라인에서 진행되던 오리엔테이션, 학위수여식 등 대학의 행사가 원활하게 진행되지 못하면서, 유튜브를 이용하여 이러한 행사를 실시간으로 중계하고 이후 편집 영상을 업로드하여 시청할 수 있도록 하는 대학의 수가 증가하였다. 방송대는 기존에도 학위수여식을 케이블 방송 채널인 OUN에서 중계하다가 유튜브로 중계 영역을 확장하였으며, 학기를 시작할 때 진행하는 오리엔테이션 등 각종 행사 역시 유튜브로 진행하고 있다. 서울교육대학교 [파이썬 프로그래밍 환경] 강의와 한국방송통신대학교 [행동과학적운영관리] 강의의 학습자를 위해 과제물을 소개하는 유튜브 영상을 사례로 제시한다.

● 특강 영상

정규 강의는 아니지만 특강 형태로 이루어지는 강의를 제작하여 유튜브에 업로드하기도 한다. 방송대에서는 정규 강의와 연계된 다양한 특강 영상을 업로드하여 제공하고 있으며, 카오스(KAOS) 재단에서도 다양한 과학 관련 공개강좌를 유튜브로 제공하고 있다.

방송대 특강 '한시(漢詩)'　　　KAOS 특강 '미래신재생에너지'

사전녹화 수업

비대면 강의가 활발해지면서 온라인 강의를 사전에 녹화하는 방식 역시 다양해지고 있다. 교과목 특성상 많은 양의 판서가 필요한 경우에는 선택의 여지 없이 판서를 녹화하기 위한 수업 방식을 채택해야 하고, PPT를 이용하여 사전녹화할 때도 슬라이드쇼에 화면이 나오도록 녹화하는 방법, PPT를 일종의 화면 캡처 소프트웨어로 사용하는 방법, OBS 또는 아이캔노트, 아이캔스크린 등을 이용하는 방법이 있다. OBS와 아이캔노트, 아이캔스크린을 사용하는 방법은 [번외편]에 소개된 내용을 참고하길 바라고, 여기에서는 강의실 촬영 또는 PPT를 활용한 사전녹화 방법 및 간단한 팁을 소개한다.

● 강의실 촬영

교과목 특성상 판서를 해야 하는 경우 강의실에서 사전녹화를 하는 상황이 발생한다. EBS에서 송출되는 입시 강의가 이러한 형태이며, 수식을 작성하고 풀이하는 과정을 설명할 필요가 있는 교과목은 이러한 방식을 주로 활용한다. 강의실 촬영에서 가장 신경 써야 할 부분은 화질과 음향이다. 최신 스마트폰의 후면 카메라는 괜찮은 수준의 화소를 가지고 있지만, 강의에 적합한 수준의 녹화를 위해서는 마이크 역할을 수행할 수 있는 장비 또는 소프트웨어가 필요하다. 강의실에서 사전녹화를 준비하여 촬영하는 방법을 소개하는 영상은 매우 많지만, 그중에서 핵심적인 정보를 간략하게 잘 담고 있는 유튜브 채널 '펀펙'의 영상을 소개한다. '펀펙'의 영상은 스마트폰 카메라를 화면 및 음향 신호 입력 장치로 사용하는 방법이며, 유사한 방법을 소개하는 유튜브 채널 '울림TV'를 추천한다.

온라인 강의 만들기_펀펙   온라인 강의 만들기_울림TV

● PPT 녹화 및 동영상 편집

PPT는 대면 또는 비대면 강의를 준비하는 데 가장 필수적인 소프트웨어이다. 비대면 수업이 확대되면서 PPT를 이용하여 진행하는 강의를 동영상으로 제작하는 일이 빈번해지고 있는데, PPT를 활용하면 슬라이드쇼 녹화, 화면 녹화는 물론 동영상 편집까지 가능하다. PPT에 포함된 슬라이드쇼 녹화를 이용하면 교수자의 발표 화면이 슬라이드에 포함된 화면을 출력할 수 있고, 화면 녹화 기능은 PPT를 화면 캡처 소프트웨어로 사용하는 방법이다. 또한 이렇게 녹화된 동영상을 추출하고 다시 입력하여 자르기 등 기본적인 편집 작업 역시 가능하다. PPT를 활용한 슬라이드쇼 녹화 방법은 유튜브 채널 '보안프로젝트'의 영상을 추천하며, PPT를 활용한 화면 녹화 방법은 유튜브 채널 '파워포인트 MVP 문쌤'에 자세하게 소개되어 있다. 또한 PPT를 활용한 동영상 편집은 유튜브 채널 '이성원강사'가 핵심적인 내용을 상세하게 소개하고 있다.

PPT 슬라이드쇼 녹화

PPT 화면 녹화

PPT 동영상 편집

실시간 화상 수업

사전녹화 방식의 동영상 강의를 진행하면 교수자도 강의 준비 시간 측면에서 상대적으로 자유롭고 학습자도 정해진 기간 안에서 원하는 시간에 반복적으로 수업을 들을 수 있다는 장점이 있다. 그럼에도 불구하고 대면 수업에서 이루어지는 상호작용에 대한 아쉬움이 존재하며, 교과목의 특성상 상호작용이 반드시 필요한 경우 온라인 실시간 수업이 이루어지기도 한다. 온라인 실시간 수업을 위한 도구는 크게 ZOOM, 구글 미트, Webex가 있는데, 기본적인 기능은 대동소이하다. 교과목의 특성이나 편의성 등을 기준으로 적합한 도구를 선택하면 된다.

● 줌(ZOOM)

ZOOM에서 1:1 화상회의는 무제한 이용할 수 있지만, 3명 이상이 참석하는 회의는 시간제한 40분이 존재한다. 40분 이상의 화상 회의를 다수가 참석하여 진행하기 위해서는 유료 계정을 구입해야 하며, 유료 계정은 교육용인지 여부, 웨비나 기능이 필요한지 등에 따라 다양한 요금제로 구성되어 있다. ZOOM에 대한 설명과 요금제에 대한 안내는 ZOOM 공식 홈페이지를, ZOOM의 설치 및 세팅과 실시간 강의에서의 호스트 기능 등은 유튜브 채널 '바라티비'의 영상을 추천한다.

ZOOM 공식 홈페이지

ZOOM 설치 및 세팅

● 구글 미트(Google Meet)

구글 미트는 구글 G Suite에 포함된 화상회의 도구이다. COVID-19로 인해 2020년 9월까지는 G Suite 계정이 없는 무료 사용자도 참가자 100명까지는 시간 제한 없이 이용할 수 있으며, 그 이후에는 무료 사용자에게 시간 제한 60분이 존재한다. G Suite 계정을 가지고 있는 대학의 사용자라면 최대 250명까지 참여할 수 있는 화상회의를 개최할 수 있고, 최근에는 G Suite 계정에서도 추가 비용을 지불해야만 사용할 수 있었던 화면 녹화 기능이 기본으로 제공되고 있다. 구글 미트는 크롬 브라우저에 적합하도록 만들어졌을 정도로 사용자 인터페이스가 단순하고 가볍기 때문에 단순한 기능만으로 수업을 진행하고자 할 때 적합하며, G Suite 계정을 가지고 있는 대학의 교수자에게 추천한다. 구글 미트와 관련된 기능에 대한 설명은 구글 미트 홈페이지와 유튜브 계정 '부다TV'에 업로드되어 있는 대구광역시교육청의 자료를 참고하길 바란다. 또한 구글 미트는 G Suite에 포함된 구글 클래스룸과 함께 이용하면 편리하다.

구글 미트 홈페이지

구글 미트 사용법

● 웨벡스(Webex)

　Webex는 ZOOM과 구글 미트에 비해서는 다소 무겁게 느껴질 수 있는 화상 회의 도구이다. 사용자 인터페이스는 ZOOM, 구글 미트와 유사하고 무료 사용자도 최대 100명이 참가하는 수업을 50분 동안 진행할 수 있다. 유료 사용자의 경우 클라우드 공간을 제공하는 것은 물론 화상 회의시간 등을 마이크로소프트 Exchange 서버를 이용하여 공유할 수 있다는 장점이 있다. Webex와 관련된 정보는 공식 홈페이지와 공식 유튜브 계정을 참고하기 바란다.

Webex 홈페이지　　　　　　　　　　　　　　　　　　　　　　　Webex 사용법

온라인 강의 관련 도서

온라인 수업을 더욱 풍성하게! _ 정우성·정세윤

● 스냅 카메라로 수업 분위기를 전환하자!

스냅 카메라는 카메라 영상 속 본인의 모습에 다양한 특수 효과를 적용시킨 영상을 송출하도록 해 주는 소프트웨어이다. 스냅 카메라(Snap Camera)를 설치하면 ZOOM이나 OBS에서 가상 입력 카메라를 스냅 카메라로 선택할 수 있다. 학습자가 카메라를 켜지 않거나 참여율이 낮을 때 강의 분위기를 전환시키기 위한 용도로 사용할 수 있고, 강의 분위기에 맞추어 손쉽게 교수자의 모습을 변신시킬 수 있다.

Snap Camera 홈페이지

● 온라인 협업에는 구글 닥스를 활용하자!

구글 닥스(Google Docs)를 통해 온라인 모둠 활동을 진행하여 공동 발표자료를 만들거나, 협업을 통한 문서 작업이 가능하다. ZOOM으로 소회의실을 열어서 모둠 활동을 진행할 때, 구글 문서 공유 기능을 이용해 학습자가 문서나 슬라이드를 만들도록 하면 효과적이다. 간단한 문서를 포함하여 설문이나 퀴즈 등도 쉽게 만들어 공유할 수 있다.

구글 닥스 홈페이지

● 핵심 개념으로 이야기 만들기

북 크리에이터(Book Creator)를 이용하면, 학습자들이 손쉽게 전자책을 만들고 출판하여 공유할 수 있다. 강의에서 학습한 핵심 개념이나 내용을 소재로 학생들에게 간단한 전자책을 만들어 내는 과제를 부여하고 서로 읽어 보도록 함으로써 관련된 지식과 의견, 이야기를 공유할 수 있다. 이를 활용하면 학습 효과가 개선되고 학습자의 창의성과 표현력을 향상시킬 수 있다. 무료 버전의 경우 하나의 계정에서 만들 수 있는 책장이나 전자책의 수가 제한적이며, 유료 버전에서는 무료 버전보다 많은 책과 책장을 만들 수 있다.

북 크리에이터 홈페이지

● **온라인 브레인스토밍과 마인드맵 활용하기**

　온라인에서 브레인스토밍 활동을 진행할 경우 학습자가 자신의 아이디어를 표현하고 의견을 모으는 과정 역시 온라인에서 이루어져야 한다. 오프라인에서 브레인스토밍을 진행할 경우에는 포스트잇에 아이디어를 작성하고 칠판에 포스트잇을 붙이는 것처럼, 패들렛(Padlet)은 학습자가 온라인상에서 각자의 생각이나 의견, 이미지, 동영상 등을 쉽게 공유할 수 있는 온라인 플랫폼이다. 발표 후 학습자의 의견이나 아이디어를 받을 때 유용하게 활용할 수 있다.

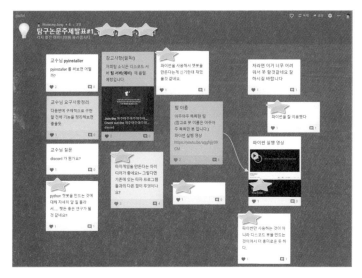

패들렛 홈페이지

온라인 브레인스토밍에서는 무료 마인드맵(mind map) 도구를 활용하여 계획을 세우거나 아이디어를 구체화하는 등 여러 사람이 서로 의견을 주고받을 수 있다. 대표적인 무료 온라인 마인드맵 도구인 깃마인드(GitMind)는 사용이 직관적이며 다양한 템플릿을 제공하고 실시간 공유가 가능하기 때문에 공동작업을 진행할 때 매우 편리하다.

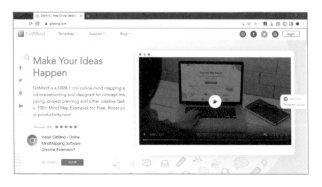

GitMind 홈페이지   GitMind 사용 팁

모바일앱으로 이용 가능한 마인드마이스터(MindMeister)도 클라우드 환경을 지원하고 직관적인 인터페이스를 제공한다. 무료 버전에서는 만들 수 있는 마인드맵 개수가 세 개로 제한되지만, 유료 버전인 프로 버전에서는 마인드맵을 무제한으로 생성할 수 있다.

마인드마이스터 홈페

● 온라인에서 퀴즈와 설문조사하기

멘티미터(Mentimeter)는 실시간으로 서베이를 진행하거나, 퀴즈를 내거나, 의견을 모아 워드 클라우드를 만들 때 활용할 수 있다. 무료 버전의 경우는 하나의 프레젠테이션에서 만들 수 있는 설문이나 문제의 수가 제한되어 있지만, 온라인 강의 자료에 포함시켜 활용하기에 큰 불편함은 없다. 멘티미터로 워드 클라우드를 만들면 새로운 키워드가 입력될 때마다 실시간으로 워드 클라우드 화면이 갱신되며, 강의를 마무리할 때 의견을 모아 정리하는 용도로 사용하면 좋다.

멘티미터 홈페이지

이와 유사한 서비스로 슬라이도(Slido)가 있다. 강의를 진행하는 중간에 퀴즈를 내거나, 의견을 묻는 등의 활동이 가능하다. 멘티미터와 거의 유사한 기능을 제공하며, 주로 익명으로 질문을 받을 때 활용할 수 있다. 교수자는 강의 도중 Q&A를 확인하면서 진행하거나, 퀴즈나 의견 수렴 등의 슬라이드를 삽입할 수 있고, 학습자는 QR코드 등을 통해 슬라이드와 연관된 질문 페이지로 쉽게 이동할 수 있다. 학습자가 일단 해당 페이지에 접속하게 되면 교수자가 학습자의 페이지를 제어하면서 필요한 설문 페이지 등을 자동으로 띄울 수 있어 수업 참여를 쉽게 유도할 수 있고 효과적으로 상호작용이 가능한 온라인 강의를 진행할 수 있다.

슬라이도 홈페이지

카훗(Kahoot)과 소크라티브(Socrative), 퀴즈엔(quizn) 등을 이용하면 ZOOM 화면으로 퀴즈를 공유하고, 동시에 참여하면서 스피드 퀴즈를 진행할 수 있다. 스피드 퀴즈를 강의 중간에 넣으면 학습자의 흥미나 참여도, 수업의 집중도를 높이는 데 매우 효과적이다. 카훗을 이용하면 학습자가 마치 온라인 게임을 하는 느낌으로 신나는 배경음과 화면을 통해 스피드 게임을 즐길 수 있다.

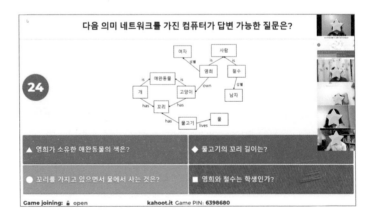

카훗 홈페이지

소크라티브 홈페이지

퀴즈엔 홈페이지

[부록]
COVID-19와 교육부의 대응방안

2020년 1월 27일	• 신종코로나바이러스 예방을 위한 교육기관 대응태세 사전점검
2020년 2월 12일	• 신종코로나바이러스 감염증 대응을 위한 대학 학사운영 가이드라인 마련
2020년 3월 2일	• 코로나19 대응을 위한 2020학년도 1학기 대학 학사운영 권고안 발표
2020년 3월 17일	• 전국 모든 유·초·중·고·특 개학 2주간 추가연기 결정
2020년 3월 24일	• 학교 안팎 고강도 사회적 거리두기 추진
2020년 3월 25일	• 학습공백 방지를 위한 원격수업 기반 준비 시작
2020년 3월 27일	• 체계적인 원격수업을 위한 운영 기준안 마련
2020년 3월 31일	• 처음으로 유·초·중·고·특 신학기 온라인 개학 실시
2020년 4월 7일	• 원격수업 출결·평가·기록 가이드라인 안내
2020년 5월 4일	• 유·초·중·고·특 등교수업 방안 발표
2020년 7월 31일	• 대학 비대면 교육 긴급 지원 사업 기본계획 발표
2020년 8월 12일	• 원격교육 역량을 높이기 위한 미래교육센터 설치
2020년 8월 16일	• 사회적 거리두기 2단계 격상에 따른 교육분야 후속조치
2020년 8월 25일	• 수도권지역 전면 원격수업 전환

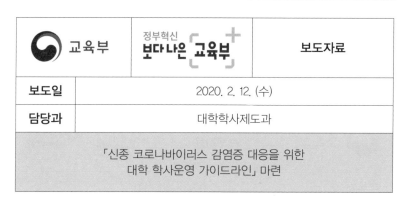

⊙ 교육부	보건복지부 (질병관리본부)	보도자료
보도일	2020. 1. 27. (월)	
담당과	교육부 학생건강정책과, 질병관리본부 위기대응생물테러총괄과	

신종코로나바이러스 예방을 위한
교육기관 대응태세 사전점검 등 대응강화

⊙ 교육부	정부혁신 보다나은 교육부	보도자료
보도일	2020. 2. 12. (수)	
담당과	대학학사제도과	

「신종 코로나바이러스 감염증 대응을 위한
대학 학사운영 가이드라인」 마련

⊙ 교육부	정부혁신 보다나은 교육부	보도자료
보도일	2020. 3. 2. (월)	
담당과	교수학습평가과, 유아교육정책과, 교육과정정책과, 교원정책과, 방과후돌봄정책과, 평생학습정책과, 학생건강정책과, 교육공무근로지원팀, 대학학사제도과	

COVID-19 대응을 위한 교육 분야 학사운영 및 지원방안 발표
- 전국 모든 유·초·중·고 개학 연기 결정
- 2020학년도 1학기 대학 학사운영 권고안 발표

교육부	보도자료	힘내라 대구경북 힘내라 대한민국
보도일	\multicolumn{2}{c|}{2020. 3. 17. (화)}	
담당과	\multicolumn{2}{c|}{교육부 교수학습평가과, 학생건강정책과, 교육과정정책과, 이러닝과, 방과후돌봄정책과, 유아교육정책과, 평생학습정책과, 교육공무근로지원팀, 보건복지부 보육기반과}	

- 전국 모든 유·초·중·고·특 개학 2주간 추가 연기 결정
  - 전국 학교, 3월 23일에서 4월 3일까지 휴업기간 연장
  - 전국 어린이집, 휴원기간 4월 5일까지 연장
  - 중대본, 감염증 추세 예의주시하며, 개학의 시기와 방식 등은 상황에 맞게 탄력적 조정
- 사회적 거리두기와 함께 휴업기간 개학 준비에 집중
- 행·재정 지원으로 학교방역과 학습지원 실효성 제고

교육부	보도자료	힘내라 대구경북 힘내라 대한민국
보도일	\multicolumn{2}{c|}{2020. 3. 24. (화)}	
담당과	\multicolumn{2}{c|}{학생건강정책과, 평생학습정책과}	

교육부, 학교 안팎 고강도 사회적 거리두기 추진

교육부	보도자료	힘내라 대구경북 힘내라 대한민국
보도일	\multicolumn{2}{c|}{2020. 3. 25. (수)}	
담당과	\multicolumn{2}{c|}{이러닝과, 교수학습평가과, 교육과정정책과}	

학습공백 방지를 위한 원격수업 기반 준비 시작
– 교육부·시도교육청·한국교육학술정보원·한국교육방송공사 간
온라인 업무협약 –

⊙ 교육부	보도자료	힘내라 대구경북 힘내라 대한민국
보도일	2020. 3. 27. (금)	
담당과	교육과정정책과, 교수학습평가과	
체계적인 원격수업을 위한 운영 기준안 마련		

⊙ 교육부	보도자료	힘내라 대구경북 힘내라 대한민국
보도일	2020. 3. 31. (화)	
담당과	교수학습평가과, 학생건강정책과, 교육과정정책과, 대입정책과, 이러닝과, 유아교육정책과, 특수교육정책과, 교육기회보장과, 중등직업교육정책과	

- 처음으로 초·중·고·특 신학기 온라인 개학 실시
  - 4월 9일 이후 중·고 3학년부터 순차적으로 학사일정 시작
  - 수능 시행일 등 2021학년도 대학 입시 일정 조정
- 온라인 개학 이후 원격수업의 현장 안착 대책

⊙ 교육부	보도자료	힘내라 대구경북 힘내라 대한민국
보도일	2020. 4. 7. (화)	
담당과	교수학습평가과	
원격수업 출결·평가·기록 가이드라인 안내		

◐ 교육부	보도자료	힘내라 대구경북 힘내라 대한민국
보도일	2020. 5. 4. (월)	
담당과	교수학습평가과, 학생건강정책과, 유아교육정책과 특수교육정책과, 원격교육준비점검팀	

- ● 유 · 초 · 중 · 고 · 특수학교 등교수업 방안 발표
  - 학생 안전 최우선 고려, 방역당국 · 전문가 의견 존중 결정
  - 5월 연휴 2주 뒤인 5. 20.부터 순차적 등교 시작, 고 3은 5. 13. 우선 등교
  - 등교수업을 위한 철저한 방역 준비 및 안전한 수업 환경 조성
  - 원격 수업 성과를 미래 교육의 디딤돌로 수업 혁신 추진

◐ 교육부	보도자료	힘내라 대한민국
보도일	2020. 7. 31. (금)	
담당과	대학재정장학과, 전문대학지원과	

대학 비대면 교육 긴급 지원 사업 기본계획 발표
(대학 · 전문대학 혁신지원사업 Ⅳ유형, 1,000억 원)

◐ 교육부	보도자료	힘내라 대한민국
보도일	2020. 8. 12. (수)	
담당과	교원양성연수과	

포스트 코로나 시대 대비 예비 교원의
원격교육 역량을 높이기 위한 미래교육센터 설치

교육부	보도자료	
보도일	2020. 8. 16. (일)	
담당과	교수학습평가과, 학생건강정책과, 평생학습정책과, 교육기회보장과	

사회적 거리두기 2단계 격상에 따른 교육분야 후속조치
- 사회적 거리두기 2단계 격상에 따른 수도권 지역 강화된 밀집도 최소화
  조치 시행(8. 18~9. 11.까지) 및 수도권 외 지역도 밀집도 2/3 유지 강력
  권장

교육부	보도자료	
보도일	2020. 8. 25.(화)	
담당과	교수학습평가과, 학생건강정책과, 이러닝과, 원격교육인프라구축과, 교육기회보장과, 방과후돌봄정책과, 유아교육정책과, 특수교육정책과	

감염증 확산 방지를 위한 선제적 · 적극적 조치로서
수도권지역 전면 원격수업 전환

저자 소개

성미영(Miyoung Sung) 동덕여자대학교 아동학과 교수

이정윤(Jung-Yoon Lee) 부경대학교 국제통상학부 교수

조진우(Jinwoo Cho) 세종대학교 환경에너지공간융합학과 교수

김우재(Woo-Jae Kim) 이화여자대학교 화학신소재공학과 교수

박용한(Yonghan Park) 충남대학교 교육학과 교수

김재요(Jae-Yo Kim) 광운대학교 건축공학과 교수

정우성(Woosung Jung) 서울교육대학교 교육전문대학원 초등영재교육전공 교수

손경우(Kyoungwoo Sohn) 한국방송통신대학교 무역학과 교수

배성호(Seongho Bae) 경북대학교 경영학부 교수

정세윤(Se-Youn Jung) 한국방송통신대학교 첨단공학부 교수

슬기로운 Teaching Life
with COVID-19

SEULGIROUN Teaching Life with COVID-19

2020년 10월 20일 1판 1쇄 인쇄
2020년 10월 25일 1판 1쇄 발행

지은이 • 성미영 · 이정윤 · 조진우 · 김우재 · 박용한
          김재요 · 정우성 · 손경우 · 배성호 · 정세윤
펴낸이 • 김진환
펴낸곳 • (주) **학지사**

          04031 서울특별시 마포구 양화로 15길 20 마인드월드빌딩
대표전화 • 02)330-5114   팩스 • 02)324-2345
등록번호 • 제313-2006-000265호

홈페이지 • http://www.hakjisa.co.kr
페이스북 • https://www.facebook.com/hakjisa

ISBN 978-89-997-2227-1 03370

정가 14,000원

저자와의 협약으로 인지는 생략합니다.
파본은 구입처에서 교환해 드립니다.

이 책을 무단으로 전재하거나 복제할 경우 저작권법에 따라 처벌을 받게 됩니다.

이 도서의 국립중앙도서관 출판시도서목록(CIP)은 서지정보유통지
원시스템 홈페이지(http://seoji.nl.go.kr)와 국가자료공동목록시스템
(http://www.nl.go.kr/kolisnet)에서 이용하실 수 있습니다.
(CIP 제어번호: CIP2020042890)

출판 · 교육 · 미디어기업 **학지사**

간호보건의학출판 **학지사메디컬** www.hakjisamd.co.kr
심리검사연구소 **인싸이트** www.inpsyt.co.kr
학술논문서비스 **뉴논문** www.newnonmun.com
원격교육연수원 **카운피아** www.counpia.com